STRATÉGIE NAPOLÉONIENNE

LA CRITIQUE

DE LA

CAMPAGNE DE 1815

Réponse à M. HOUSSAYE

Par A. GROUARD

ANCIEN ÉLÈVE DE L'ÉCOLE POLYTECHNIQUE

PARIS

LIBRAIRIE MILITAIRE R CHAPELOT et C°

IMPRIMEURS-ÉDITEURS

30, Rue et Passage Dauphine, 30

1907

LA CRITIQUE

DE LA

CAMPAGNE DE 1815

PARIS. — IMPRIMERIE R. CHAPELOT ET Cᵒ, 2, RUE CHRISTINE

LA CRITIQUE

DE LA

CAMPAGNE DE 1815

Réponse à M. HOUSSAYE

Par A. GROUARD
ANCIEN ÉLÈVE DE L'ÉCOLE POLYTECHNIQUE

PARIS
LIBRAIRIE MILITAIRE R. CHAPELOT ET Cⁱᵉ
IMPRIMEURS-ÉDITEURS

30, Rue et Passage Dauphine, 30

1907

LA CRITIQUE

DE LA

CAMPAGNE DE 1815

Réponse à M. HOUSSAYE

M. Henry Houssaye, dans la dernière édition de son ouvrage sur 1815 (*Waterloo*), a fait d'importantes modifications aux précédentes. Elles lui ont été suggérées, dit-il dans l'appendice où se trouvent réunies ces modifications, par plusieurs livres français et étrangers parus après le sien et, notamment, par celui que j'ai publié il y a deux ans sur le même sujet [1].

Sur un certain nombre de points secondaires, M. Houssaye et moi sommes actuellement d'accord ; mais sur les points essentiels il maintient sa manière de voir qui est exactement l'opposé de la mienne.

Deux questions dominent l'étude critique de la dernière campagne de Napoléon :

Pourquoi d'Erlon n'est-il pas venu à Ligny ?
Pourquoi Grouchy n'est-il pas venu à Waterloo ?

M. Houssaye persiste à penser que la responsabilité des événements du 16 et du 18 juin doit retomber surtout sur les lieute-

---

[1] *La Critique de la campagne de 1815* (Librairie militaire Chapelot, 1904).

nants de Napoléon ; je crois toujours, au contraire, qu'elle est imputable à l'Empereur lui-même. C'est ce que je me suis proposé d'établir dans mon premier ouvrage ; le but principal de cette étude supplémentaire est de répondre aux nouveaux arguments de M. Houssaye ; mais, chemin faisant, j'aurai à discuter les appréciations de quelques autres écrivains qui, dans ces derniers temps, ont abordé le même sujet.

1° Ligny.

En examinant les nouveaux arguments présentés par M. Houssaye pour appuyer sa manière de voir, procédons par ordre :

Pour la journée du 15 juin, il s'agit de savoir quelles ont été au juste les instructions données par Napoléon à Ney et à Grouchy.

Pour prouver que Grouchy avait reçu l'ordre d'aller à Sombreffe le jour même, M. Houssaye rappelle (525) divers documents qu'il avait déjà cités :

1° La relation de Grouchy ; 2° une note de Grouchy en réponse à une lettre de Jomini ; 3° une déclaration du capitaine Bella, a Je camp de Grouchy ; 4° une lettre de Grouchy à l'Empereur, datée du bivouac, près Fleurus, le 16 juin, 5 heures du matin, où il est dit : « Je réunis en ce moment mes troupes pour exécuter vers Sombreffe le mouvement que Votre Majesté a prescrit. »

Mais je persiste à penser que ces documents sont absolument insuffisants pour permettre de conclure dans le sens de M. Houssaye.

D'abord, la relation succincte de Grouchy fourmille d'erreurs que M. Houssaye a fait ressortir en maintes circonstances ; Grouchy lui-même en a reconnu plusieurs.

En ce qui concerne la correspondance de Grouchy avec Jomini, voici le texte exact, extrait des mémoires de Grouchy, que M. Houssaye ne reproduit ni exactement ni complètement[1] :

« L'Empereur avait donné *par écrit* l'ordre au maréchal Grouchy de poursuivre jusqu'à Sombreffe et même jusqu'à Gembloux si c'était possible. » Pour faire ressortir l'inexactitude de cette relation, je n'ai qu'à répéter les observations qu'elle m'a déjà suggérées[2] : « Si Grouchy avait rappelé un ordre verbal, on

---

[1] *Mémoires de Grouchy*, t. V, p. 457.
[2] Voir mon premier ouvrage, pages 34 et 35.

pourrait peut-être en admettre l'exactitude, mais, en disant qu'il a reçu un *ordre écrit*, il met son erreur en évidence. On ne trouve pas trace de cet ordre écrit, et il est tout à fait invraisemblable que Napoléon l'ait envoyé, car il a été constamment en contact avec Grouchy, et il est à peu près certain qu'il ne lui a donné que des ordres verbaux. D'autre part, d'après le maréchal, cet ordre lui aurait prescrit d'aller non seulement à Sombreffe, mais à *Gemblour*. Or, il est certain que Napoléon n'a jamais eu l'idée d'aller le 15 à Gembloux. » M. Houssaye oublie dans sa citation de faire connaître que Grouchy devait aller aussi à Gembloux, et c'est justement ce qui prouve que l'ordre écrit n'a jamais existé le 15 et que Grouchy confond avec celui que l'Empereur lui a envoyé le 16 dans la matinée.

Jomini dit de son côté, dans sa correspondance avec Grouchy (457) : « Napoléon vous avait recommandé *verbalement* de pousser jusqu'à Fleurus et même jusqu'à Sombreffe. »

Ainsi rapportées, je ne conteste pas les dispositions de Napoléon, et j'en ai déjà admis la vraisemblance.

« Dans ses instructions à Ney comme à Grouchy, ai-je dit (35), les noms des Quatre-Bras et de Sombreffe ont dû revenir plusieurs fois, l'Empereur a dû leur en expliquer l'importance et l'utilité de les atteindre simultanément, mais il est plus que probable que le 15, à 3 h. 30, il ne leur a pas prescrit d'y arriver dans la journée. »

Il est clair, cependant, que le lendemain Grouchy devait s'inspirer des instructions de Napoléon, et il n'avait pas besoin d'être sorcier, comme le dit M. Houssaye (526), pour exécuter un mouvement, non pas trois heures avant d'en avoir reçu l'ordre, mais conformément aux intentions que Napoléon lui avait exposées la veille.

Il est donc tout simple que le 16 au matin Grouchy ait écrit à Napoléon : « Je réunis en ce moment mes troupes pour exécuter vers Sombreffe le mouvement que Votre Majesté a prescrit [1]. »

---

[1] La déclaration du capitaine Bella n'est pas plus explicite. Il est d'ailleurs hors de doute que si Grouchy avait reçu l'ordre d'aller à Sombreffe la veille, il aurait expliqué à Napoléon, en lui écrivant, pourquoi il n'avait pas exécuté cet ordre.

Grouchy savait que Napoléon voulait qu'il se portât sur Sombreffe, et cela suffisait pour qu'il s'y préparât sans avoir reçu de nouvelles instructions. Il pouvait même exécuter le mouvement, et il est probable qu'il l'aurait fait s'il n'avait eu devant lui des forces importantes qu'il voyait s'accroître d'heure en heure, tandis qu'au contraire le corps de Gérard, qui devait l'appuyer, n'était pas encore en vue pour le rejoindre.

Mais tout cela ne prouve nullement que Grouchy avait l'ordre d'aller à Sombreffe le 15 ; il est même hors de doute qu'en supposant que Napoléon en ait manifesté l'intention au milieu de la journée, il savait parfaitement, en quittant Grouchy à 7 heures du soir, que le mouvement n'était plus possible le jour même, et que tout au plus on pouvait atteindre Fleurus.

Quant aux instructions données à Ney le 15, nous croyons toujours qu'elles sont semblables à celles qu'a reçues Grouchy.

M. Houssaye veut absolument que le Bulletin de la Grande Armée où Soult annonce que « le prince de La Moscowa a occupé les Quatre-Bras le 15 » soit décisif pour prouver qu'il avait reçu l'ordre de s'y établir.

« Autrement, dit-il, pourquoi l'eût-il écrit ? Comment eût-il pensé à cette position s'il n'en avait été question entre l'Empereur et Ney ? »

Mais, encore une fois, je n'ai jamais dit qu'il n'en avait pas été question. J'ai toujours admis, au contraire, que, dans ses instructions générales à Ney et à Grouchy, Napoléon avait assigné les Quatre-Bras et Sombreffe comme des objectifs à atteindre ; mais ce que je persiste à soutenir c'est qu'il ne leur avait pas donné l'ordre formel d'y arriver le 15.

Soult a écrit que Ney avait occupé les Quatre-Bras, parce qu'il le croyait, et il le croyait parce qu'il savait que Ney s'était approché tout près de la position, mais cela ne prouve pas qu'il avait reçu l'ordre de s'y établir le jour même.

Ce qui prouve, au contraire, que le mouvement était secondaire pour Napoléon, dès que, de son côté, Grouchy n'avait pu dépasser Fleurus, c'est qu'il n'en a même pas donné l'ordre à Ney dans la nuit du 15 au 16. M. Houssaye, pour soutenir son dire, s'appuie, en autres appréciations, sur celle de Jomini.

Mais, s'il est vrai que, dans le corps de son ouvrage, ce dernier a écrit que Napoléon avait donné l'ordre verbal à Ney d'atteindre les Quatre-Bras le 15, il est loin d'être affirmatif dans la lettre qu'il a écrite au duc d'Elchingen en 1841 [1].

« La question principale serait encore, dit Jomini, de savoir en quels termes l'ordre verbal donné à Ney fut conçu. Prescrivit-on au maréchal *de donner la tête baissée sur tout ce qu'il trouverait dans cette direction,* ainsi que l'affirme le livre IX de *Sainte-Hélène,* page 81 ? Ou bien se borna-t-on à lui recommander, comme à Grouchy, de marcher le plus vivement possible sur la route de Bruxelles, en ayant soin de pousser son avant-garde jusqu'aux Quatre-Bras ? L'ordre ayant été donné verbalement, il serait bien difficile de se prononcer entre ces deux hypothèses ; mais tout ce que vous avez publié de renseignements dans votre brochure, et tout ce qui s'est passé le 16, autorise à admettre la seconde version. » Et Jomini ajoute, un peu plus loin : « Je crois même que Napoléon, revenu à Charleroi après le combat de Gilly, dut se féliciter que sa gauche fut restée à la hauteur du reste de l'armée qui bivouaquait autour de Lambusart, car, ici, cette aile n'était point aventurée et pouvait, dès 5 heures du matin, aller occuper les Quatre-Bras, en même temps que Grouchy marcherait vivement sur Sombreffe. »

Jomini fait encore remarquer (269) que, « dans le livre IX des *Mémoires de Sainte-Hélène,* l'Empereur dit formellement que, le 15 au soir, tout avait réussi à souhait et que son opération promettait un succès certain ; aveu naïf du peu de prix qu'il attachait à l'occupation partielle isolée des Quatre-Bras ce jour-là ».

On peut discuter encore longtemps à ce sujet ; pour le moment, je ne suis pas le seul que M. Houssaye n'ait pas convaincu. Le général Lettow-Vorbeck admet aussi que Ney n'a pas reçu l'ordre d'aller le 15 aux Quatre-Bras.

Mais je persiste toujours à penser qu'alors même qu'il aurait pu en chasser l'ennemi le jour même, il aurait bien fait de ne pas y rester pendant toute la nuit. M. Houssaye fait observer qu'en raison de la situation réelle des forces adverses il ne pouvait y courir de danger immédiat. Nous le reconnaissons, mais c'est raisonner après coup.

Et Ney qui, en même temps qu'il trouvait des Anglais devant

---

[1] Lettre reproduite à la suite du précis de la *Campagne de* 1815.

lui aux Quatre-Bras, entendait le canon de Gilly et savait qu'il y avait des Prussiens vers Saint-Amand, était en droit de penser que de nombreux renforts allaient arriver aux Alliés sur le théâtre de l'action, tant par Génappe ou Nivelles que par Sombreffe ; il pouvait craindre d'être assailli à la pointe du jour par des forces très supérieures ; sans doute, il est à peu près certain que cela n'aurait pas eu lieu, mais il n'en pouvait rien savoir.

Rester complètement en l'air avec quelques milliers d'hommes eût donc été une grande imprudence, car il n'est pas exact de dire que Ney aurait pu disposer dans la matinée du 16 de 43,000 hommes et de 84 bouches à feu. Reille et d'Erlon avaient bien été mis sous ses ordres, mais le dernier était encore loin ; le maréchal ne connaissait pas au juste sa situation, il ne l'avait pas sous la main et ne pouvait pas compter sur lui sans avoir communication des instructions envoyées par l'Empereur au 1er corps.

En résumé, nous persistons à penser que Ney et Grouchy, en s'arrêtant le 15 en deçà des Quatre-Bras et de Sombreffe, ne transgressaient pas les instructions de Napoléon ; mais ce que nous prétendons surtout, et c'est là le point important pour ceux qui recherchent dans l'étude des événements de 1815 les causes du désastre de l'armée française, c'est qu'il s'agit d'une question absolument secondaire.

Non seulement l'arrêt de Ney et de Grouchy ne doit être compté pour rien dans ces causes, mais on peut dire, au contraire, que, s'ils avaient atteint le 15 les Quatre-Bras et Sombreffe, les chances pour Napoléon d'obtenir un succès décisif étaient à peu près nulles. C'est là une considération que nous avons déjà développée, mais nous croyons devoir y revenir afin d'en mieux faire ressortir l'exactitude.

Il faut bien remarquer qu'en raison de sa grande infériorité numérique Napoléon ne pouvait obtenir la victoire que si ses adversaires commettaient de grandes fautes lui permettant de les battre séparément. Mais pour qu'ils soient battus il fallait avant tout qu'ils acceptent la bataille. Or, si le 15 on eût atteint les Quatre-Bras et Sombreffe, la réunion des armées anglaise et prussienne, telle que Wellington et Blücher l'avaient projetée, devenait manifestement impossible. Dès lors, ils auraient refusé la bataille immédiate.

Ils se seraient dérobés pour se réunir en arrière entre Wavre et Bruxelles et, dès lors, Napoléon n'avait plus aucune chance de les trouver séparés.

M. Houssaye soutient, au contraire (485), que, si l'on eût occupé les Quatre-Bras et Sombreffe le 15, les Alliés se seraient éloignés l'un de l'autre par une retraite divergente, « qu'alors Napoléon aurait occupé Bruxelles et aurait combiné quelque marche foudroyante contre 'une ou l'autre des deux armées ennemies ». « Comment Wellington, dit-il dans ses nouvelles observations (547), à moins de rembarquer son armée à Anvers ou de se replier en Hollande, aurait-il pu éviter une bataille contre Napoléon ? »

Il nous semble que cette appréciation ne résiste pas à un examen sérieux.

D'abord, l'occupation des Quatre-Bras et de Sombreffe n'obligeait nullement Wellington et Blücher à une retraite divergente.

Il est manifeste que rien ne pouvait empêcher le premier de concentrer toutes ses forces le 16 à Mont-Saint-Jean ; quant au second qui, après la défaite de Ligny, s'est porté sur Wavre, pourquoi admettre qu'avant de l'avoir subie, certain de ne pas avoir l'appui immédiat de son allié, il n'aurait pas pris la même direction ? Rien non plus ne pouvait l'empêcher de réunir le 16 trois de ses corps à Gembloux au lieu de Sombreffe, en appelant à lui le quatrième.

Dans cette conjoncture, que pouvait faire Napoléon ? C'est une éventualité que nous avons déjà examinée et M. Houssaye n'a rien répondu à notre argumentation.

Si l'Empereur attaque Blücher à Gembloux il ne l'aurait pas battu plus complètement qu'à Ligny. Il est même probable que la victoire eût été encore bien moins décisive car, en réalité la bataille n'a commencé à Ligny qu'à 2 h. 30. S'il avait fallu la livrer à Gembloux, Napoléon quoique tenant Sombreffe le soir du 15 par une avant-garde n'aurait pas eu le gros de ses forces sous la main avant 3 ou 4 heures.

Il n'aurait eu avec lui ni d'Erlon ni Lobau. Dès lors il est hors de doute que Blücher aurait tenu bon jusqu'au soir ; profitant de la nuit pour se retirer il se serait trouvé le 17 dans la matinée à Wavre où Bulow serait venu le rejoindre. Napoléon pouvait le suivre, mais Wellington, de Mont-Saint-Jean, pouvait venir l'appuyer par le chemin le plus court et, quand même Ney serait venu rallier l'Empereur, on n'eût pas moins été conduit à une bataille générale avec toutes les chances de la perdre. Napoléon pouvait aussi, au lieu de suivre Blücher après la bataille supposée à Gembloux, se porter directement sur Wellington ; mais alors les forces qu'il aurait ramenées de Gembloux ne seraient arrivés à proximité des Anglais que dans l'après-midi du 17, et d'ailleurs Wellington, s'il n'avait pas été sûr de l'appui des Prussiens, n'était pas obligé d'accepter la bataille.

Si, au lieu d'attaquer les Prussiens le 16, Napoléon préférait se porter d'abord contre les Anglais, il ne les aurait joints eux aussi le 16 qu'à une heure très tardive ; il n'aurait pas été en mesure d'obtenir le jour même une victoire décisive, et les Prussiens libres de leurs mouvements pouvaient se porter sur Wavre, de manière à intervenir le lendemain de bonne heure. Au surplus Wellington et Blücher, au lieu de s'exposer à livrer bataille séparément, pouvaient se porter délibérément sur Bruxelles l'un par Mont-Saint-Jean, l'autre par Wavre. Napoléon ne pouvait rien faire pour les empêcher de se réunir pour la bataille.

Mais nous dirons de plus que, quand même 'ls au~i~ ~ail une retraite divergente, elle n'avait pas forcément pour ~·~ quence une victoire décisive de Napoléon. Nous admettons bien qu'en s'attachant à l'une des deux armées il aurait pu lui infliger des pertes sérieuses mais non pas la désorganiser, car elle n'aurait pas accepté la bataille à fond.

Les Anglais auraient pu se mettre à l'abri de ses coups à Anvers, et les Prussiens en revenant sur la Meuse y auraient trouvé de puissants renforts.

L'occupation des Quatre-Bras et de Sombreffe le 15 était donc loin d'assurer à Napoléon la victoire, tandis qu'en restant en deçà de ces deux points, il laissait à ses adversaires l'espoir de s'y réunir comme ils l'avaient projeté, et, comme en réalité ils ne le pouvaient pas, il les amenait à commettre une de ces fautes qui était la condition essentielle de son succès.

Or c'est justement ce qui devait arriver. Blücher et Wellington devaient accepter la bataille le lendemain avec des moyens insuffisants, et, si Napoléon avait bien utilisé tous ceux dont il disposait, il aurait obtenu contre l'armée prussienne une victoire décisive. Il est donc certain que le soir du 15, en raison de la situation des armées en présence et des projets des adversaires de Napoléon, ce dernier était dans des conditions on ne peut plus favorables, on peut même dire inespérées.

Comme nous l'avons déjà dit, les discussions dont ont été l'objet les événements du 15 sont donc de peu d'intérêt, mais il n'en est pas de même de celles qui concernent la journée du lendemain.

La grosse difficulté est toujours relative aux causes des faux mouvements de d'Erlon. Il s'agit de savoir quels ordres a donné l'Empereur et surtout à qui était adressée la fameuse note au crayon expédiée à 3 h. 30. Actuellement M. Houssaye est beaucoup moins affirmatif au sujet du porteur de cette note. Il penche toujours pour Forbin-Janson, mais il croit possible que ce soit le colonel Laurent ou le général Labédoyère.

Pour nous il est à peu près certain que c'est ce dernier; tandis que Forbin-Janson a été chargé de l'ordre expédié par Soult à Ney à 3 h. 15. Nous persistons dans cette manière de voir, en raison de l'incident raconté par M. de Vatry [1] et d'après lequel Forbin-Janson a remis cet ordre à Ney à Frasnes dans la soirée, ce qui ferait croire, sans qu'on sache au juste pour quelle raison, qu'il ne lui avait pas porté aux Quatre-Bras. Mais le maréchal avait reçu le duplicata de cet ordre apporté par le colonel Laurent. En définitive, à ce sujet nous considérons toujours, sinon comme certaines du moins comme très probables, les conclusions auxquelles nous nous sommes arrêté précédemment (87). Forbin-Janson a été chargé de l'ordre de 3 h. 15, le colonel Laurent d'un duplicata de cet ordre et Labédoyère de la note au crayon. Quant au document rappelé par M. Houssaye (530), d'après lequel Forbin-Janson aurait, après 4 heures, porté au maréchal un ordre verbal lui prescrivant de « s'emparer des Quatre-Bras, coûte que coûte », nous croyons, comme M. Houssaye, qu'il n'y a pas lieu d'en tenir compte; il est peu vraisemblable qu'après 4 heures Napoléon ait donné un pareil

---

[1] Incident relaté dans mon livre, page 87.

ordre, alors qu'il est manifeste qu'il ne songeait qu'à attirer d'Erlon ; à moins cependant que ce ne soit beaucoup plus tard, quand Napoléon a connu la contre-marche de d'Erlon, parce qu'alors il a pu se dire : « puisque je ne puis pas avoir d'Erlon, il faut au moins que Ney s'en serve pour combattre les Anglais ».

Alors on peut expliquer la mission de Forbin-Janson de la manière suivante : il part avec l'ordre de 3 h. 15 ; peut-être parce qu'il s'égare ou bien parce qu'il connaît la mission du colonel Laurent, il revient à Fleurus sans avoir été aux Quatre-Bras et il est chargé d'un ordre verbal supplémentaire pour Ney.

Mais il ne rejoint le maréchal qu'à Frasnes quand la nuit était venue, et comme l'ordre verbal n'avait plus de sens, puisqu'on s'était éloigné des Quatre-Bras, il s'est contenté de remettre l'ordre écrit qu'il avait gardé dans sa poche.

Je donne cette explication pour ce qu'elle vaut, mais elle contient peut-être une grosse part de vérité.

Il est encore un autre point sur lequel M. Houssaye à sensiblement modifié son récit. Il veut bien reconnaître (533) que mon argumentation l'a amené à penser que l'Empereur, en apprenant l'approche de d'Erlon sur la droite des Prussiens, lui dépêcha l'ordre de les attaquer.

Sur ce point, il repousse complètement, et avec raison, la manière de voir du général Lettow-Vorbeck, qui prétend que Napoléon n'a envoyé aucun ordre, parce que l'officier qui avait été reconnaître d'Erlon lui rapporta que le 1er corps était déjà en contre-marche. Or, rien ne peut justifier cette appréciation, tandis qu'au contraire tout porte à penser que Napoléon a fait son possible, à partir de ce moment, pour attirer d'Erlon à lui.

Voilà donc deux points où M. Houssaye et moi sommes à peu près d'accord, mais il n'en est pas de même sur la question principale qui est de savoir à qui était adressée la note au crayon. M. Houssaye soutient toujours qu'elle était adressée à d'Erlon, tandis que je persiste à penser que Ney en était le destinataire. Je dirais même que plus mon attention se porte sur ce point, plus ma conviction s'affermit.

Ainsi que je l'ai déjà fait remarquer, parmi les citations que produit M. Houssaye, il n'y en a qu'une qui mériterait d'être prise en considération ; c'est une lettre de Soult à Davout, mais, justement, M. Houssaye l'a reproduite d'une manière inexacte.

Soult a dit : « Si d'Erlon eût exécuté l'ordre de mouvement que l'Empereur *avait prescrit*, l'armée prussienne était entièrement perdue » ; tandis que M. Houssaye lui fait dire : « S'il eût exécuté l'ordre que l'Empereur *lui a donné* », ce qui est tout différent, car le véritable texte ne dit pas à qui l'ordre a été donné, et c'est justement ce qu'il faudrait savoir [1]. Pour nous, d'ailleurs, la rédaction de Soult est une raison de plus pour que l'ordre ait été adressé à Ney ; nous sommes, en effet, fort porté à croire que le manque de précision du major général a été voulu, parce qu'il savait que Ney n'était pas très endurant et qu'il ne tenait pas à s'attirer avec lui une mauvaise affaire, en le mettant nettement en cause, tandis que si l'ordre eût été donné à d'Erlon, il n'aurait pas craint de le rappeler.

On voit comme il est important, pour juger des questions de ce genre, de reproduire scrupuleusement le vrai texte. M. Houssaye est d'avis (532) que, dans bien des cas, ce n'est pas indispensable, et je pense absolument comme lui à ce sujet, d'une manière générale ; mais il est d'autres cas, au contraire, où il n'est pas permis de modifier les textes, surtout lorsqu'on les transforme de manière à en changer complètement le sens, et justement sur les points les plus litigieux.

Or, c'est ce qui a lieu dans le cas de la lettre de Soult, et il en est également de même pour la dépêche de 2 heures que M. Houssaye a citée en supprimant une phrase qui était capitale pour bien faire connaître la pensée de Napoléon [2].

Et ce ne sont pas les seuls cas où M. Houssaye s'est cru permis de modifier ou de tronquer les textes au point d'en changer le sens d'une manière complète. En voici un nouvel exemple : on sait que d'Erlon a expliqué sa conduite par deux documents, d'abord dans une lettre écrite au prince de La Moskowa (le 9 février 1829) et, ensuite, dans *Ma vie militaire*. Pour nous, ces deux documents sont de la plus haute importance, non seulement parce que seuls ils donnent une explication satisfaisante de ce qui s'est passé,

---

[1] Dans sa dernière édition (206), M. Houssaye a rétabli le vrai texte, mais alors il ne prouve plus rien.

[2] Voir mon livre, page 56. Dans sa dernière édition (160), M. Houssaye a donné la dépêche complète.

mais parce qu'ils émanent du seul homme qui a pu le connaître exactement.

M. Houssaye ne veut pas tenir compte des deux déclarations de d'Erlon sous le prétexte qu'elles sont contradictoires.

D'après lui (533), dans le premier de ces documents d'Erlon a fait connaître qu'il *devança sa colonne* et qu'arrivé à Frasnes il y fut rejoint par Labédoyère, tandis que dans sa *Vie militaire* il aurait dit qu'il *marchait avec sa colonne*, lorsqu'il apprit qu'un officier de l'état-major impérial porteur de l'ordre à Ney avait fait prendre à la tête de sa colonne la direction de Ligny.

Or il n'y a rien de semblable dans l'ouvrage dont il s'agit et pour en finir avec cette question capitale nous allons reproduire intégralement le passage relatif à cet incident :

« Je prie le lecteur, dit d'Erlon [1], de lire avec attention le paragraphe qui suit, car il importe que la vérité soit enfin connue.

« L'Empereur, engagé fortement à *Ligny*, envoya un officier d'ordonnance au *maréchal Ney*, pour lui dire de diriger le 1er corps sur *Ligny* afin de tourner l'aile droite de l'armée prussienne ; cet officier rencontra la tête de la colonne du 1er corps, qui arrivait à *Frasnes*, et, *avant d'avoir transmis les ordres de l'Empereur au maréchal Ney, fit prendre à cette colonne la direction de Ligny.*

« Vers les 4 heures m'*étant porté en avant*, sans aucune connaissance de la nouvelle direction que venait de recevoir mon corps d'armée, et l'ayant ensuite appris indirectement, tout aussitôt je m'empressai de le rejoindre et j'envoyai mon chef d'état-major au maréchal Ney pour lui annoncer mon mouvement.

« Le maréchal Ney, étant au moment d'être forcé aux Quatre-Bras, ne tint pas compte des ordres envoyés par l'Empereur et rappela à lui mon corps d'armée.

« Ce fut une idée malheureuse et une très grande faute, qui empêcha la bataille de Ligny d'avoir les résultats que l'Empereur en attendait, et qui paralysa entièrement le 1er corps, qui ne put prendre part à aucune des deux affaires, par les marches et contremarches qu'on lui fit faire pendant toute la journée.

---

[1] *Vie militaire*, page 95.

« J'espère que cette explication fera disparaître tout ce qui a été dit et écrit de mensonger sur mon inaction dans cette journée.

« Il n'y a aucun doute que si l'Empereur m'eût adressé *ses ordres directement*, comme il est dit dans plusieurs relations de cette bataille, ils auraient été ponctuellement exécutés. »

Où voit-on dans cet extrait que d'Erlon *marchait avec sa colonne*, lorsqu'il apprit que sa tête de colonne avait changé de direction[1] ?

Il dit au contraire que vers les 4 heures il s'était porté en avant, et ce n'est que plus tard qu'il a été avisé des instructions qui avaient été données à son corps d'armée[2]. Les deux relations loin d'être contradictoires sont absolument concordantes sur tous les points essentiels.

Ce sont d'ailleurs les seules qui rapportent ce qui s'est passé d'une manière vraisemblable, car il y a un fait bien acquis, c'est que le 1er corps a marché pendant une heure environ dans la direction de Fleurus. Si ce n'est pas le porteur de la note au crayon qui l'a engagé dans cette direction, par quel ordre y a-t-il été conduit ? Il n'est pas admissible, comme quelques-uns l'ont soutenu, que ce soit par l'initiative de d'Erlon attiré seulement par le bruit du canon.

Une pareille supposition ne tient pas *debout*, car le canon se faisait entendre du côté des Quatre-Bras aussi bien que du côté de Ligny, et d'Erlon, qui était sous les ordres de Ney, n'avait aucune raison de s'éloigner de son chef direct sans avoir reçu un ordre spécial. C'est donc bien le porteur de la note qui a fait prendre à la colonne la direction de Ligny, *avant d'avoir transmis les ordres de l'Empereur au maréchal Ney*. Ces ordres n'ont pas été adressés directement au général d'Erlon, car autrement, comme il le dit lui-même, il les aurait ponctuellement exécutés. Tout cela est logique et vraisemblable, d'accord avec les déclarations de Napoléon lui-même. Mais M. Houssaye rejette les déclarations de Napoléon comme celles de d'Erlon.

---

[1] On peut encore remarquer que les deux assertions sont contradictoires, car si d'Erlon eût marché avec sa colonne, on n'aurait pas fait changer de direction *à la tête*, sans qu'il le sût.

[2] Tout cela est bien conforme à la réalité, car, à 4 heures, le porteur de la note au crayon, parti à 3 h. 30, n'était pas encore arrivé à Frasnes.

Nous trouvons au contraire qu'elles sont les unes comme les autres fort nettes et très satisfaisantes. L'étonnement de Napoléon en voyant approcher la colonne de d'Erlon ne peut s'expliquer que parce qu'il ne lui avait pas donné d'ordre direct. Mais, dit M. Houssaye, il y avait l'ordre de 2 heures et celui de 3 h. 15. Sans doute il y avait ces deux ordres, et je ne les ai pas oubliés, comme le prétend mon contradicteur ; mais il faut remarquer que ces ordres sont adressés à Ney. Or celui de 2 heures n'était pas formel, puisque Napoléon disait que ce serait peut-être lui qui irait aider Ney, et d'ailleurs, comme d'après cet ordre, Ney ne devait se rabattre sur les Prussiens qu'après avoir *rigoureusement pressé* ce qu'il avait devant lui et que l'on savait les Anglais aux Quatre-Bras, Ney ne devait exécuter ce mouvement qu'après les en avoir chassé, et alors il serait arrivé certainement par la route des Quatre-Bras à Sombreffe.

Il est vrai que l'ordre de 3 h. 15 prescrivait d'agir sur-le-champ et ne parlait plus des Anglais, mais il ne disait pas non plus qu'il fallait les négliger, et d'autre part, en raison des distances, si Ney avait pris ses décisions après l'arrivée de cet ordre, aucun des corps sous ses ordres ne pouvait être en vue de Napoléon à 5 h. 30. En réalité, cet ordre expédié à 3 h. 15 n'est parvenu au maréchal que vers 5 h. 15 et il aurait fallu plus d'une heure pour en assurer l'exécution. L'apparition du corps d'Erlon à 5 h. 30 ne pouvait donc provenir que de circonstances particulières que Napoléon ne pouvait pas soupçonner dès qu'il n'avait donné d'ordres qu'à Ney, tandis qu'il en aurait trouvé de suite l'explication s'il s'était adressé à d'Erlon directement.

Tout cela prouve combien il est difficile de voir clair au milieu de tous les rapports des témoins plus ou moins oculaires. Et il en est toujours de même ; prenez quelques officiers ayant assisté à une bataille de 1870 : chacun rapportera ce qu'il a vu, et leurs récits seront souvent très différents sinon contradictoires tant sur les localités que sur les heures[1]. On ne peut accorder crédit qu'aux rapports nets, précis et vraisemblables, et c'est parce que les relations de d'Erlon me paraissent présenter tous ces

---

[1] Qu'on se reporte, par exemple, aux documents publiés par l'état-major sur la bataille de Rezonville ; on verra que les rapports des généraux ou officiers supérieurs sont remplis de contradictions.

caractères que je crois que plus que toutes autres elles contiennent la vérité.

D'Erlon cheminait en avant de son corps, lorsque Labédoyère lui communiqua la note qu'il portait à Ney, l'informant en outre qu'en passant il avait engagé ses troupes dans la nouvelle direction qu'elles devaient suivre.

Tout cela est simple et net, conforme à ce qui s'est passé ; car on sait bien que le 1er corps à marché dans la direction de Fleurus sans que ni d'Erlon ni Ney ne lui en aient donné l'ordre, et il ne suffit pas de dire que cette relation est favorable à d'Erlon pour soutenir qu'elle est fausse, car elle renferme tous les autres caractères d'une probabilité très voisine de la certitude. D'Erlon marche en avant de ses troupes et c'est ce que doit faire un chef de corps en pareille circonstance ; il va au-devant des ordres de son chef afin d'être en mesure d'en assurer l'exécution sans perdre un instant.

Nous persistons donc à penser que la note au crayon était destinée à Ney malgré les seize témoignages que cite M. Houssaye et dont aucun, suivant nous, n'a une valeur sérieuse.

Quant à la question de savoir quel résultat aurait produit le mouvement de d'Erlon sur la droite des Prussiens et qui est l'objet d'une discussion entre M. Houssaye et M. Navez[1], je ne crois pas qu'il y ait lieu de s'y arrêter de nouveau, tant il me paraît manifeste que sur ce point c'est M. Houssaye qui a raison d'accord avec Jomini, Charras, Thiers et presque tout le monde.

Il est hors de doute que l'arrivée de d'Erlon coïncidant avec l'attaque de la Garde sur Ligny aurait complètement désorganisée le centre et la droite de l'armée prussienne qui aurait été réduite de 60,000 hommes, et c'est justement en raison du résultat certain de cette manœuvre qu'on a tant discuté sur les responsabilités de ceux qui l'ont empêchée de réussir.

On trouve bien, il est vrai, dans Clausewitz (81) l'opinion que l'apparition d'un corps sur les derrières de l'armée prussienne n'aurait pas amené la ruine de l'armée prussienne ; mais en

---

[1] M. Navez est l'auteur d'un livre paru à Bruxelles en 1899 auquel M. Houssaye s'est proposé de répondre, en même temps qu'au mien, dans l'appendice de ses dernières éditions.

exprimant cette manière de voir, Clausewitz n'envisage par l'arrivée du corps de d'Erlon, mais celle d'une dizaine de mille hommes envoyés des Quatre-Bras par Ney supposé maître de cette position.

Pour bien élucider cette question il importe de ne pas confondre les divers ordres envoyés par Napoléon à Ney dans la journée du 16.

Par l'ordre de 8 heures du matin, parvenu au maréchal vers 11 heures, l'Empereur lui prescrit d'occuper les Quatre-Bras avec le gros de ses forces et de porter en même temps une division sur Marbais qui se trouve à peu près à égale distance des Quatre-Bras et de Sombreffe. Il faut bien remarquer qu'à ce moment Napoléon ne songe nullement à tourner la droite de l'armée prussienne supposée en position à Saint-Amand et à Ligny. Il est porté à croire que la bataille aura lieu tout au plus à Sombreffe, et que là seulement l'aile droite commandée par Grouchy pourra trouver de la résistance. « Le corps qui sera à Marbais, dit Soult à Ney, aura pour objet d'appuyer les mouvements de M. le maréchal Grouchy sur Sombreffe et de vous soutenir. à la position des Trois-Bras (Quatre-Bras), si cela devenait nécessaire. » Le rôle essentiel de ce corps (division) est donc de lier les deux ailes et d'appuyer l'une ou l'autre suivant les circonstances.

Telles sont les vues manifestes de Napoléon à 8 heures du matin ; mais dès que les Prussiens acceptent la bataille à Saint-Amand et à Ligny la situation est tout autre.

Il est d'abord évident que la division dirigée sur Marbais risque de se trouver isolée au milieu de l'armée prussienne et d'être anéantie, surtout si la gauche n'est pas maîtresse des Quatre-Bras.

En tout cas on ne peut pas compter sur elle ; il est bien dit dans la *Relation de Sainte-Hélène* que Ney devait détacher une colonne de 8,000 hommes qui devait arriver sur Bry par Marbais, mais les ordres envoyés au maréchal à partir de 2 heures, c'est-à-dire à partir du moment où Napoléon reconnaît que Blücher est disposé à accepter la bataille, ne contiennent plus rien de semblable.

L'Empereur a confondu dans ses écrits les divers moments de la journée, et Clausewitz a raison de dire (81) que « l'arrivée de 10,000 hommes sur les derrières de l'armée prussienne pouvaient tout au plus forcer plus tôt Blücher à la retraite et qu'elle n'était pas de nature à amener la ruine de l'armée prussienne ».

Et cependant c'est toujours par Marbais que Napoléon attend l'arrivée d'une fraction des forces de Ney, et la faute consiste justement à ne pas avoir rectifié les instructions envoyées le matin au maréchal, parce qu'en les maintenant Napoléon supposait que Ney deviendrait maître des Quatre-Bras sans difficulté. Puisque vis-à-vis de lui-même la situation était tout autre que celle qu'il avait supposée le matin, il pouvait bien admettre qu'il en serait de même du côté de Ney, et dès lors ses combinaisons du matin risquaient d'être impraticables et périlleuses.

Au contraire, dans ses instructions Napoléon a toujours supposé que Ney ne trouverait aux Quatre-Bras que peu de résistance. Tous les malentendus auraient été évités, quelle que fût la situation de Ney, et tous les dangers disparaissaient si d'Erlon eût été rappelé par un ordre direct de Napoléon prescrivant de le prendre partout où on le trouverait et de le diriger sur Wagnelée et si en même temps on eût expliqué à Ney que, dans le cas où il trouverait des forces supérieures devant lui, il suffirait qu'il les contînt. Avec de pareilles instructions le 1ᵉʳ corps aurait exécuté son mouvement en toute sécurité et prenait l'armée prussienne sinon à revers du moins suffisamment en flanc pour y mettre le désordre.

Il est certain au contraire qu'avec les dispositions prises par Napoléon, la manœuvre qu'il avait conçue avait bien peu de chances de réussir. Cependant l'initiative prise par Labédoyère, et en principe abusivement, de diriger le 1ᵉʳ corps vers Ligny, même avant d'avoir vu Ney ni d'Erlon, pouvait tout réparer et il n'a tenu qu'à Napoléon d'en profiter.

Ce qui est surtout regrettable c'est qu'il n'ait pas donné l'ordre de l'amener au premier officier qui a été le reconnaître et, sur ce point encore, nous ne saurions admettre l'explication du général Lettow-Vorbeck. D'après ce dernier, si l'Empereur n'a pas donné un pareil ordre c'est qu'il lui était impossible de supposer que la troupe signalée par Vandamme fût une colonne française : 1° parce que Vandamme disait que c'était l'ennemi ; 2° parce qu'un simple calcul du temps et de l'espace devait lui dire que ce ne pouvait être d'Erlon, l'ordre de l'Empereur, envoyé à

3 h. 30, n'ayant pu lui parvenir que vers 4 h. 45, aux environs des Quatre-Bras.

Le *Militär Wochenblatt*, en rendant compte de l'ouvrage du général Lettow-Vorbeck, a répondu avec raison d'abord que l'appréciation de Vandamme devait être suspecte parce qu'elle était peu vraisemblable. D'après ce que l'on savait de la situation des forces ennemies, il était difficile d'admettre que le corps signalé fût une troupe prussienne ou anglaise; on ne voit pas comment les uns ou les autres auraient pu se trouver dans une pareille situation; il aurait fallu que Ney fût complètement battu sans que Napoléon en eût été averti. Rien n'est impossible, mais l'Empereur devait au moins envisager l'hypothèse contraire. Pour la seconde considération le même critique fait encore observer judicieusement que, quoique on ne dût attendre d'Erlon ni par le chemin qu'il avait suivi, ni aussi tôt, il fallait tenir cependant compte des incidents de guerre, d'autant plus que l'Empereur ne savait pas au juste à quelle heure d'Erlon avait été mis en route. Il nous semble donc que l'omission de l'Empereur est sans excuse".

Mais à ce propos l'auteur de l'article du *Militär Wochenblatt* présente quelques autres observations qui nous paraissent manquer de justesse. Il admet comme Lettow-Vorbeck que d'Erlon pouvait ne pas tenir compte de l'ordre de Ney qui le rappelait aux Quatre-Bras et malgré cet ordre attaquer à Wagnelée, et il estime que si d'Erlon ne l'a pas fait c'est que les généraux de Napoléon n'avaient pas été dressés à prendre une telle initiative ni à se charger de responsabilité. Il nous semble qu'une pareille observation porte complètement à faux, sinon dans son esprit général, du moins pour la circonstance à laquelle on l'applique.

D'Erlon n'avait pas à choisir entre divers moyens d'exécuter un ordre, mais entre deux ordres opposés, et il nous paraît excusable d'avoir obéi aux injonctions de Ney parce que celui-ci était son chef direct et que l'ordre qui concernait son corps d'armée avait été adressé à Ney et non pas à lui-même. Mais c'est là une considération que n'admettent ni Lettow-Vorbeck ni M. Houssaye, et cependant c'est la seule manière d'expliquer à la fois l'attitude de d'Erlon et celle de Napoléon; car il est bien évident que, si ce dernier avait appelé d'Erlon par un ordre direct, il aurait admis au moins la possibilité de son arrivée en recevant le rapport de Vandamme. Mais il est certain que dans tous les cas Napoléon a commis une faute en omettant de donner un ordre éventuel pour le cas où la colonne signalée eût été une troupe française. Mais il n'est pas juste de prétendre que « la pensée qu'une abstention ou le fait de négliger une occasion favorable constitue une faute plus grave qu'une méprise dans le choix des moyens, était inconnue dans l'armée française ».

Il ne l'est pas d'avantage de dire qu'en cette circonstance le savoir de Napoléon n'atteignit plus son sommet, car le savoir n'était pas en jeu, ce n'était qu'une question de coup d'œil et d'inspiration.

Il l'est encore bien moins de soutenir que c'est l'idée de vouloir percer le centre prussien qui fut la cause de la perte de Napoléon, sous le prétexte que c'est en donnant cette direction à son attaque que Napoléon a rejeté les Prussiens vers le Nord dans la direction de Wavre, les poussant pour ainsi dire sur le chemin qu'ils devaient suivre pour se rapprocher des Anglais ; car dans l'esprit de Napoléon l'attaque sur le centre ne devait produire tout son effet qu'à la condition d'être combinée avec un mouvement débordant sur la droite des Prussiens ; si cette double attaque avait réussi, elle aurait amené la destruction des deux tiers de l'armée prussienne, et il n'y avait pas d'autres moyens d'obtenir un pareil résultat.

Si Napoléon avait fait tout son effort sur la droite, il aurait rejeté l'armée prussienne sur Gembloux, l'aurait éloignée pour un temps des Anglais, mais ne l'aurait par désorganisée. Dans ces conditions l'opération n'était pas décisive, car Wellington n'aurait pas accepté la bataille de Waterloo. Aussi nous sommes d'avis que le général Lettow-Vorbeck, aussi bien que le critique du *Militär Wochenblatt*, ont fort mal apprécié les dispositions de Napoléon.

Il faut remarquer d'ailleurs, et c'est un point sur lequel nous aurons à revenir, que si par la tournure de la bataille de Ligny la droite de l'armée prussienne a été amenée a se retirer directement sur Wavre, elle n'y a réussi que parce que Napoléon a négligé de la poursuivre et que s'il avait mis seulement une vingtaine de mille hommes à ses trousses, il l'aurait empêchée de passer la Dyle tout aussi bien qu'en commençant par rejeter toute l'armée dans la direction de Gembloux.

Il faut donc admirer sans réserve la conception de Napoléon dans son principe en regrettant que des fautes d'exécution, qui lui sont en grande partie imputables, n'aient pas permis de la réaliser.

Or, comme nous l'avons déjà fait remarquer, la perte de temps du matin et l'insuffisance des mesures prises au sujet de d'Erlon ne sont pas les seules erreurs de la journée.

Une autre faute qui n'est imputable qu'à Napoléon seul et sur laquelle on n'a pas suffisamment insisté, c'est l'inaction de Lobau, et il aurait suffi d'appeler le 6e corps en temps utile sur la gauche de Vandamme pour obtenir le résultat cherché par Napoléon, d'autant plus que par cette disposition on se liait avec d'Erlon et qu'on aurait empêché les faux mouvements qui l'ont rendu inutile pendant la journée.

Toutes ces erreurs eurent pour conséquence d'empêcher Napoléon de tirer de la situation, si favorable pour lui des forces en présence dans la matinée, tous les avantages qu'elle lui promettait. Les Prussiens avaient été battus, les Anglais contenus, mais ni les uns ni les autres n'étaient désorganisés. Or, il faut remarquer que devant avoir bientôt à faire face à d'autres adversaires que ceux qu'il était venu combattre en Belgique, Napoléon n'avait pas le temps d'exécuter contre les premiers plusieurs manœuvres successives. Quand même par la bataille de Ligny Napoléon aurait amené les Prussiens et les Anglais à exécuter une retraite divergente, n'ayant détruit ni les uns ni les autres, il n'aurait obtenu qu'un résultat insuffisant.

Il pouvait bien en s'attachant à l'une des deux armées lui infliger de graves pertes mais sans la désorganiser, et l'autre serait resté intacte. Les difficultés de la campagne étaient telles que pour les surmonter il aurait fallu au moins profiter de toutes les chances favorables qui pouvaient se présenter.

Celles qui s'étaient offertes le 16 au matin étaient de nature à dépasser toutes les espérances; après avoir avoir manqué d'en tirer parti il était à peu près certain que Napoléon n'en retrouverait plus de semblables.

En résumant la discussion précédente et sans perdre de vue les observations que j'ai déjà présentées dans ma première étude, je dirai : D'abord, que les dispositions prises de part et d'autre

pour la journée du 15 et les événements qui en ont été la conséquence étaient on ne peut plus favorables à la réussite des projets de Napoléon ; que ses adversaires étaient prêts à tomber
sous ses coups avec des moyens insuffisants pour lui résister et
qu'il était dans les meilleures conditions pour obtenir dès le début des opérations un succès décisif ; mais que le 16 il a commencé par perdre toute la matinée, se laissant diriger par des
idées préconçues au lieu de chercher à se rendre compte de la
situation exacte des armées ennemies.

Que par suite des retards qui résultèrent de cette perte de
temps il ne commença la bataille contre les Prussiens qu'à
2 h. 30, tandis qu'il aurait pu être prêt à les attaquer à 10 heures ;
que, dès qu'il eut reconnu leur situation, il conçut un plan fort
judicieux dans son principe, mais dont l'exécution présentait de
grosses difficultés par suite de l'éloignement d'une partie des
troupes qui devaient y concourir.

Que, pour être sûr de l'intervention du corps de d'Erlon, il
aurait fallu lui donner directement l'ordre de se diriger sur le
champ de bataille de Ligny ; qu'il est hors de doute que Napoléon n'a pas donné cet ordre, parce que lui-même et d'Erlon le
nient formellement ; que d'ailleurs c'est la seule manière d'expliquer, d'une part les marches et contremarches du 1ᵉʳ corps,
et d'autre part l'hésitation de Napoléon qui, ayant ce corps à sa
portée à un moment où il ne comptait pas sur lui, le prit pour
une troupe ennemie et en le faisant reconnaître négligea de
donner les ordres nécessaires pour l'attirer à lui en temps utile.

Assurément Ney eut tort de rappeler d'Erlon, mais on peut
plaider en sa faveur bien des circonstances atténuantes, et c'est
à Napoléon lui-même que sont imputables les fautes principales
de la journée, d'autant plus qu'en ne prenant pas les dispositions
nécessaires pour attirer à lui les 20,000 hommes de d'Erlon, il se
priva en même temps des 10,000 hommes de Lobau qui fut
appelé trop tardivement sur le champ de bataille.

Par suite de toutes ces fautes la journée du 16 juin ne fut pas
ce qu'elle aurait pu être ; la victoire de Napoléon resta incomplète, tandis qu'elle aurait pu amener la désorganisation de
l'armée prussienne. Au fond c'est bien la journée décisive de la
campagne, car Napoléon avait laissé échapper une occasion qui
ne devait plus se représenter.

Sans doute il pouvait bien éviter un désastre comme celui de Waterloo et ajourner sa défaite ; mais elle était devenue à peu près inévitable, car pour réussir finalement à prendre le dessus, il aurait fallu battre ses premiers adversaires assez complètement pour être libre de se retourner contre ceux qui avançaient par la frontière du Rhin.

2° Waterloo.

Ce qui résulte de l'étude minutieuse des événements de la journée du 16 juin, c'est que par suite de diverses erreurs dont les principales sont imputables à Napoléon, il n'avait obtenu sur les Prussiens qu'une victoire incomplète, tandis qu'elle aurait pu être décisive.

Avec l'activité qu'il avait montré 10 ans plus tôt, il aurait peut-être pu réparer le mal le jour suivant; mais, par suite de son inertie, il permit aux Prussiens de se remettre de leur défaite et aux Anglais de se dérober.

Pendant la matinée du 17, il ne prescrit aucun mouvement à ses troupes. Grouchy vint lui demander des ordres, il l'invite seulement à l'accompagner sur le champ de bataille de la veille. Quant à Ney, il lui fait envoyer vers 8 heures des instructions dont l'objet principal est de lui dire qu'on ne fera rien de toute la journée, à moins que les Anglais ne prennent l'initiative.

Dans la situation où l'on se trouvait, cette inertie de Napoléon est à peine croyable. Pour nous, elle ne s'explique que par son état de santé, qui a eu une influence sensible sur ses facultés intellectuelles.

M. Houssaye veut, au contraire (498), que pendant toute la campagne Napoléon ait eu l'activité d'un général de 30 ans. Lettow-Vorbeck est également d'avis que l'Empereur avait encore toute son activité physique et intellectuelle.

Le jugement d'un autre auteur allemand, Lehman, est tout différent et, suivant nous, beaucoup plus juste :

« Du côté français, dit ce dernier, la cause de l'échec est due à l'Empereur lui-même, qui ne manifesta ni le regard génial, ni la rapide compréhension du moment, ni l'énergie de l'action qui ont élevé ses premières campagnes à un modèle éternellement valable d'art militaire [1]. »

---

[1] Extrait cité par la *Revue d'Histoire* (juillet 1901, p. 239), qui, d'ailleurs, est d'un avis opposé.

C'est exactement notre manière de voir.

Et nous dirons même que la campagne est inexplicable si l'on ne suppose pas Napoléon affaibli physiquement et intellectuellement.

Ce n'est qu'ainsi que l'on peut comprendre comment à côté d'une conception parfaite, œuvre de cabinet, on trouve une exécution si défectueuse.

Quant au fait, il est patent, quoi qu'en dise M. Houssaye, qui se flatte en même temps d'avoir convaincu le général Lettow-Vorbeck. Pour fixer les idées sur ce point, il suffit de suivre pas à pas les faits et gestes de Napoléon depuis l'entrée en campagne.

Le 15, Napoléon monte à cheval de bonne heure, il est vrai ; mais, au débouché de Charleroi, il se laisse aller à un sommeil léthargique que les acclamations de ses troupes ne suffisent pas à dissiper. Cela se comprend à la rigueur en raison de la chaleur, et ce seul fait ne serait pas décisif s'il était unique ; ce serait cependant un indice que l'endurance de Napoléon était fort limitée ; ce qui est certain, c'est que le soir du 15 il est déjà accablé de fatigue[1].

Mais le 16, où M. Houssaye a-t-il vu que Napoléon écrit des ordres à 4 heures du matin ? Les ordres ne sont partis que vers 8 heures ; il est à peu près certain que Napoléon ne s'en est pas occupé avant 6 heures.

M. Houssaye suppose que Napoléon a fait ce qu'il aurait dû faire, mais il en est tout autrement. Et si réellement il eût été sur pied à 4 heures du matin, comment se fait-il qu'il aurait envoyé ses ordres si tardivement ?

C'est qu'alors il aurait mal jugé la situation ; loin de presser le mouvement de Ney vers les Quatre-Bras et de Grouchy vers Sombreffe, il aurait estimé qu'ils pouvaient prendre leur temps.

Ensuite, dit M. Houssaye, Napoléon se rend à cheval au moulin de Fleurus. C'est possible, mais, d'où ? De Fleurus, car il est venu de Charleroi à Fleurus en voiture. Il est à cheval pendant a bataille, c'est vrai, mais sans se donner beaucoup de mouvement ; le soir il est malade, obligé de se coucher, refusant de donner des ordres à Grouchy, et quand dès le lendemain matin,

---

[1] Voir mon livre, page 28.

à la pointe du jour, ce dernier, après avoir porté de lui-même¹ Pajol et Exelmans à la recherche des Prussiens sur les routes de Namur et de Liége, vient demander de nouvelles instructions, Napoléon dort encore et on ne peut pas le réveiller avant 7 h. 30. Or, cette inertie de l'Empereur, que M. Houssaye veut bien regarder comme possible, et qui en réalité est certaine, a été décisive, car si Napoléon avait montré plus d'activité, il pouvait encore achever la défaite des Prussiens et réparer en partie les erreurs commises la veille.

Si, à 4 heures du matin, on avait envoyé de gros partis de cavalerie dans la direction de Wavre par Mont-Saint-Guibert, ils y auraient trouvé les corps de Zieten et de Pirch, et, en les attaquant avec Lobau, Pajol et une partie de la Garde, on les aurait mis en complet désordre. On les aurait suivis sur Wavre en les empêchant de passer la Dyle pour se réunir aux Anglais.

M. Houssaye trouve qu'il eût été préférable d'attaquer ces derniers; nous sommes d'un avis opposé et nous en avons dit la raison. Toutefois, puisque Napoléon ne faisait rien contre les Prussiens, il aurait dû au moins se porter contre les Anglais. Il ne tenait qu'à lui d'être fixé à la pointe du jour sur la situation des uns et des autres, s'il n'avait pas prolongé son sommeil jusqu'à 7 h. 30. Nous persistons toujours à penser qu'il n'aurait pas exterminé les Anglais, parce qu'ils n'auraient pas accepté la bataille; sans doute, si les forces de Napoléon avaient été en formation préparatoire de combat et tout près des Anglais, il aurait pu les malmener; mais il fallait d'abord aller les joindre et pour cela se former en colonnes dont le mouvement ne serait pas resté inaperçu. Wellington n'est resté en position jusqu'à 10 heures que parce qu'il a vu que nous ne bougions pas; au premier indice d'attaque, il pouvait décamper en refusant la bataille à laquelle Napoléon ne pouvait pas l'obliger.

Il aurait pu lui infliger des pertes sensibles, mais cela n'aurait pas empêché les Prussiens de se réunir à Wavre et de se joindre aux Anglais le jour suivant, et, malgré les pertes subies par les uns et par les autres, ils auraient eu encore au moins 50,000 hom-

---

¹ M. Houssaye soutient, au contraire, que ces ordres émanaient de Napoléon, mais tout prouve le contraire (Voir la note V de mon livre, page 165).

mes de plus que leur adversaire, même en supposant que Napoléon ait appelé Grouchy à lui pour la bataille.

Dans ces conditions, cette bataille eut été tout au plus indécise et elle ne permettait pas à Napoléon de disposer de ses forces contre les autres armées de la Coalition.

Il nous paraît manifeste qu'on aurait obtenu un meilleur résultat en poursuivant les Prussiens sur Wavre.

M. Houssaye veut bien reconnaître (544) que cette manœuvre aurait pu donner de grands résultats; mais, dit-il, à 7 heures du matin l'Empereur savait où trouver les Anglais et il ne savait pas où trouver les Prussiens. Mais il est facile de répondre que s'il ne le savait pas, c'est qu'il n'avait rien fait pour le savoir.

Si les renseignements reçus à son réveil par Napoléon étaient insuffisants pour le déterminer à agir, c'était sa faute.

Grouchy avait fait ce qu'il devait sur la droite, où il se trouvait à la fin de la bataille.

Il faut remarquer qu'en ce moment Grouchy n'était plus le chef de toute la cavalerie, mais le commandant de l'aile droite, et que, notamment pendant la bataille du 16, les cuirassiers de Milhaud n'étaient pas sous ses ordres et qu'une division de Pajol (Subervie) lui avait été enlevée. C'était donc à Napoléon qu'il appartenait de prescrire une exploration sur le front et spécialement sur le chemin de Wavre par Mont-Saint-Guibert.

Même avant de rien savoir sur la direction que les Prussiens avaient prise en se retirant, il aurait pu y songer, parce que c'était la seule dangereuse, et s'il ne l'a pas fait, cela tient avant tout à ce qu'il se méprenait sur l'état moral des chefs de l'armée prussienne et qu'il était convaincu qu'après Ligny ils ne demandaient qu'à s'éloigner vers la Meuse en se dérobant à de nouveaux coups.

Il semble en outre qu'il ne se soit pas rendu compte que la direction de Mont-Saint-Guibert était celle surtout sur laquelle il fallait être renseigné, et cela peut étonner lorsqu'on pense au sens stratégique de Napoléon; ses idées préconçues sur l'état de l'armée prussienne ne suffisent pas à expliquer cette négligence, dont il faut chercher en même temps la cause dans l'affaiblissement de ses facultés. Ce qui est certain, c'est qu'il n'a pas soupçonné les projets des Prussiens. Il faut remarquer d'ailleurs qu'à

7 heures du matin, Napoléon n'était guère mieux renseigné sur la situation des Anglais, car il n'avait pas encore reçu le rapport de Ney et il ne savait pas ce qui s'était passé aux Quatre-Bras.

Je ne fais pas toutefois de difficulté pour reconnaître que si l'attaque des Anglais était moins avantageuse que la poursuite des Prussiens, elle pouvait néanmoins donner des résultats appréciables.

La défaite finale n'était probablement qu'ajournée, mais elle n'était pas immédiate.

Des deux partis, Napoléon aurait dû au moins prendre l'un ou l'autre; ce que nous lui reprochons surtout, c'est de n'avoir pris ni l'un ni l'autre.

Pour prouver la force de résistance de Napoléon, M. Houssaye rapporte encore que le 17 il poursuit les Anglais à grande allure pendant 3 lieues sous une pluie torrentielle; que la nuit suivante il a fait la tournée de ses avant-postes et dicté de nouveaux ordres (lesquels?). Mais nous n'avons jamais prétendu que Napoléon fût impotent; nous croyons même qu'il était fort capable, après une bonne nuit de repos et sous l'influence d'une forte volonté, de montrer de l'énergie et de la vigueur. Mais son activité ne pouvait être soutenue autant que l'auraient exigé les circonstances, et on ne peut pas maintenir sérieusement qu'elle fut la même qu'au temps de Castiglione ou même d'Iéna.

En somme, dans les deux journées du 16 et du 17, il n'a donné qu'à 7 heures et à 11 heures des ordres qui auraient dû partir à 4 heures du matin, et il n'en a pas fallu davantage pour amener tous les malentendus de la journée du 16 et pour permettre aux Prussiens, le 17, de se dérober après leur défaite, sans qu'on pût se rendre compte de la direction qu'ils avaient prise.

Au sujet du mouvement des Prussiens sur Wavre, M. Houssaye (539) tient à ne pas l'admirer sous le prétexte qu'ils n'y ont pris qu'une position d'attente. Mais il ne faut voir dans cette attitude qu'une preuve de plus de la sagesse de leurs dispositions.

Il est bien évident qu'ils ne pouvaient pas savoir au juste comment ils continueraient leur mouvement, parce que cela dépendait de ce que feraient les Anglais.

Il faut toutefois exclure l'idée de revenir sur la Meuse; en allant à Wavre, ils voulaient tout d'abord se rapprocher de leurs alliés, sauf à voir ensuite comment ils feraient leur jonction avec eux.

Si Wellington continuait sur Bruxelles, ils auraient fait comme lui, et ce n'est que quand ils ont su qu'il était prêt à livrer bataille à Mont-Saint-Jean qu'ils ont pris le parti de s'y porter directement [1].

Inversement, Wellington ne s'est décidé à y accepter la bataille que quand il a su qu'il pouvait compter sur l'appui des Prussiens. Dans le cas contraire, il se serait dérobé, et le 18, à 4 heures du matin, il en avait encore le temps.

Il est vrai que les Prussiens ne sont arrivés que bien plus tard que Wellington ne l'espérait, par suite de certaines dispositions de marche défectueuses et de divers incidents dont ils n'étaient pas maîtres. Cela prouve qu'à la guerre il faut toujours employer tous les moyens dont on dispose et qu'on n'en a jamais trop pour vaincre, parce que l'on ne peut jamais tout prévoir et qu'en raison d'incidents imprévus, des ressources que l'on pouvait regarder comme superflues deviennent en réalité nécessaires.

Mais il n'en est pas moins vrai que le mouvement sur Wavre est la cause première de la victoire des Alliés et par suite que la faute de Napoléon a consisté à ne pas l'avoir empêché, comme il le pouvait en envoyant, dans la matinée du 17, une vingtaine de mille hommes sur Mont-Saint-Guibert.

Les Allemands, appréciant à sa vraie valeur l'importance du mouvement sur Wavre, ont beaucoup discuté sur la question de savoir à qui en revenait le mérite : Blücher ou Gneisenau? En rendant compte de mon livre dans la *Revue critique* (1904, II, p. 351) d'une façon plutôt bienveillante, M. Salomon Reinach m'a fait plusieurs reproches et notamment celui de ne pas avoir rendu justice à Gneisenau.

« Si, dit-il, M. G.. avait lu les articles que la *Revue critique* a publiés sur ces travaux [2] (1899, I, p. 442; 1903, II, p. 11), il n'aurait pas totalement ignoré le rôle de Gneisenau; il n'aurait pas renouvelé, à l'adresse de Wellington, le reproche non fondé

---

[1] Est-ce que Napoléon, en débouchant du Franken-Wald en 1806, savait au juste où il irait les jours suivants ? Cela dépendait des renseignements qu'il recevrait sur la situation de l'ennemi.

[2] Il faut remarquer que ces articles sont justement de M. Salomon Reinach.

d'avoir laissé 20,000 hommes à Hal ; il aurait surtout compris — ce dont il semble n'avoir aucune idée — que la trahison était au cœur de l'armée française et qu'elle facilita la tâche des Alliés plus encore que les fautes de Napoléon. »

A ces observations, je répondrai d'abord d'une manière générale que je ne me suis pas proposé de présenter une histoire complète et détaillée de la campagne de 1815, mais seulement de mettre en relief les causes du désastre de l'armée française, en utilisant sans les reproduire les études antérieures.

Ensuite je ferai remarquer que je n'ai nullement ignoré le rôle joué par Gneisenau à la suite de la bataille de Ligny ; il suffit pour s'en convaincre de se reporter à la page 119 de mon livre. Je n'y ai pas autrement insisté, parce qu'à mon point de vue il est de peu d'intérêt de savoir si c'est à Blücher ou à Gneisenau qu'il faut attribuer le mouvement de l'armée prussienne sur Wavre : c'est une question à régler entre Allemands.

Quant au reproche adressé à Wellington d'avoir laissé 20.000 hommes à Hal, M. Reinach ne l'accepte pas. Pour lui, l'objection d'après laquelle Napoléon ne pouvait vouloir tourner la droite de Wellington, ce qui aurait été le rejeter vers l'armée prussienne, n'a aucune valeur.

« Cette objection, dit-il [1], ne tient pas debout. Menacé sur sa droite, Wellington, qui devait à tout prix conserver ses communications avec Bruxelles et la mer, ne se serait pas rejeté vers Blücher, mais se serait éloigné de lui en rétrogradant vers Bruxelles. »

N'en déplaise à M. Reinach, ce qui ne tient pas debout, c'est une pareille argumentation, où il n'y a pas un mot de juste, et en la lisant on pourrait être tenté de croire que celui qui l'a produite n'a jamais eu une carte de la Belgique sous les yeux.

Il est bien évident, en effet, que Napoléon, en essayant de déborder la droite de l'armée anglaise, tendait à la rejeter sur l'armée prussienne.

Or, Wellington pouvait s'en rapprocher soit en marchant directement vers elle, soit en se portant sur Bruxelles. Dans le premier cas, la jonction des deux armées se faisait entre Mont-

---

[1] *Revue critique*, 1899, I, p. 417.

Saint-Jean et Wavre ; dans le second, à Bruxelles même, Napoléon ne pouvait d'aucune manière l'empêcher. Mais, comptant sur Blücher, Wellington pouvait aussi l'attendre sur ses positions, comme dans le cas d'une attaque directe. Devant le mouvement débordant de Napoléon, il n'avait qu'à exécuter un changement de front face à droite, en renforçant sa droite, comptant sur les Prussiens pour soutenir sa gauche.

Le résultat certain de la manœuvre de Napoléon eut donc été, dans tous les cas, d'assurer la jonction des deux armées alliées, c'est-à-dire ce qu'il fallait empêcher par-dessus tout.

L'idée de se porter sur la droite des Anglais était donc absolument fausse, sans compter qu'en la réalisant on abandonnait Grouchy à lui-même et qu'il pouvait se trouver sans ressources au milieu de l'armée prussienne.

Napoléon a pu songer un instant à un mouvement de ce genre pendant la bataille, pour échapper à l'enveloppement immédiat de l'armée prussienne, en s'assurant une ligne de retraite sur Nivelles : mais Wellington, en lui attribuant *a priori* une pareille conception, a prouvé qu'il n'avait aucune idée des principes essentiels de la stratégie napoléonienne, et son détachement de Hal est une faute impardonnable qu'il aurait dû payer de la défaite de son armée, si de son côté Napoléon avait montré plus de perspicacité au sujet des projets des Prussiens.

Examinons maintenant quelle a été l'influence de la trahison sur les résultats de la campagne. Pour en faire ressortir l'importance, M. Salomon Reinach cite un certain nombre de faits qui prouvent une chose que personne n'a jamais contestée, à savoir qu'il y avait dans la nation et même dans l'armée nombre de gens mal disposés pour Napoléon.

Mais cette considération n'a rien à faire dans l'étude critique de la campagne, à moins que l'on ne prouve que ces mauvaises dispositions ont eu une influence sensible sur la tournure des opérations.

Or, l'examen des faits montre que cette influence a été insignifiante.

Par exemple, le passage de Bourmont à l'ennemi n'y est pour rien. Il n'a pas empêché Napoléon d'être le 16 au matin dans une situation exceptionnellement favorable, et ce n'est que dans les événements survenus à partir de ce moment qu'il faut chercher les causes de la défaite. M. Reinach attache aussi de l'importance à la défection du chef d'état-major de Durutte qui, dit-il, dut influer sur le moral des troupes[1].

On peut d'abord remarquer que M. Reinach rapporte cet incident d'une manière manifestement inexacte. D'après lui, la désertion eut lieu pendant le mouvement *rétrograde* du 1er corps de Gosselies à Frasnes ; il y a là sans doute une erreur de localités, car en marchant de Gosselies sur Frasnes, le 1er corps exécutait tout le contraire d'un mouvement rétrograde. Revenant sur le même sujet dans un article ultérieur[2], M. Reinach rapporte qu'un adjudant général français aurait raconté le 16 *à midi* au général Perponcher que les troupes qui attaquaient les Quatre-Bras comprenaient huit divisions d'infanterie et quatre de cavalerie. Or, on sait que l'attaque de Ney n'a commencé qu'à 2 heures et qu'il n'y avait que trois divisions d'infanterie et quatre de cavalerie, en comptant tout le corps de Kellermann.

Comment admettre que cet adjudant général fut l'adjudant-commandant Gordon, chef d'état-major de Durutte, puisque à midi la tête de la colonne du 1er corps n'avait pas encore dépassé Gosselies.

Il est probable que le chef d'état-major de Durutte ne s'est échappé que vers 6 heures, lorsque la division s'est trouvée isolée près de Vagnelée : c'est ce qu'admet M. Houssaye (220), et c'est la seule chose vraisemblable, tandis que les suppositions de M. Reinach sont visiblement erronées.

Quant à l'influence que cet incident peut avoir eu sur le moral des troupes du 1er corps, qui, d'après M. Reinach, n'eut pas à Waterloo la fermeté qu'on aurait pu en attendre, il nous semble que cette appréciation porte encore complètement à faux. Le 1er corps, malgré l'échec de sa première attaque et les pertes qu'il a subies, a pu être reporté en avant et a lutté énergiquement de 1 heure à 7 heures passées. La division Durutte en particulier a tenu ferme à La Haye et à Papelotte jusqu'au moment de l'irruption des Prussiens de Ziéten.

---

[1] *Revue critique*, 1899, I, p. 453.
[2] *Revue critique*, 1903, I, p. 14.

Sans doute, l'armée française de 1815, dans son ensemble, ne ne valait pas celle d'Austerlitz, mais elle était encore excellente. Il y a eu quelques défaillances partielles et passagères, mais il y en a dans les armées les plus solides.

M. Reinach signale encore le passage à l'ennemi d'un capitaine de carabiniers qui, pendant la dernière phase de la bataille de Waterloo, alla prévenir les Anglais de l'attaque imminente de la Garde ; l'importance qu'il lui donne nous paraît encore singulièrement exagérée.

Il n'est pas admissible que cet avertissement sauva le centre anglais, car Wellington n'aurait jamais été surpris ; à cette heure avancée de la journée il avait sous la main les moyens de tenir ferme jusqu'à l'arrivée des Prussiens qui déjà se montraient à l'entrée du champ de bataille[1].

M. Reinach reproche à M. Houssaye de ne pas insister sur ces incidents ; nous pensons, au contraire, que ce dernier les a appréciés sainement en se contentant de les signaler d'une manière sommaire. Ce sont là des considérations sans valeur quand on cherche les vraies causes de la défaite de l'armée française : c'est vouloir attribuer une importance décisive à des faits secondaires, en voilant la cause principale qui réside dans les erreurs commises par Napoléon le 16, le 17 et le 18 juin.

Arrivons maintenant aux dispositions de Grouchy pendant les journées du 17 et du 18. M. Houssaye soutient (544) que la lettre écrite de Gembloux par Grouchy, à 10 heures du soir, devait ras-

---

[1] M. Reinach me reproche encore (*Revue critique*, 1904, II. p. 352), de n'avoir parlé de l'ouvrage de Lettow-Vorbeck que d'après un compte rendu de la *Revue d'Histoire*. J'ai expliqué (page 267) que je n'en avais eu connaissance qu'au dernier moment : d'ailleurs, je n'ai pas apprécié cet ouvrage dans son ensemble ; j'ai seulement présenté quelques observations sur certains points particuliers. J'ajouterai que le compte rendu sur lequel je me suis appuyé était suffisamment détaillé pour permettre de parler de l'ouvrage en connaissance de cause. Sans doute, quand on veut discuter les livres, il est bon de les lire soi-même : mais ce n'est pas une condition suffisante, quand il s'agit de livres militaires ; il en est une autre essentielle dont beaucoup d'écrivains français, et M. Reinach en particulier, ne paraissent pas se douter, c'est qu'il faut avoir quelque notion des principes de l'art de la guerre. Il est bien vrai qu'une campagne ne peut être assimilée à une partie d'échecs ; toutefois, pour être en mesure de juger les coups, il faut au moins connaître la marche des pièces.

surer Napoléon contre l'arrivée des Prussiens sur le champ de
bataille de Waterloo et, pour appuyer sa manière de voir, il cite
cette phrase de la lettre en question : « Si la masse des Prussiens
se retire sur Wavre, je les suivrai dans cette direction, afin qu'ils
ne puissent gagner Bruxelles et de les séparer de Wellington[1]. »

Mais Napoléon n'avait pas l'habitude de prendre ses dispositions sans carte ; c'est leur examen au contraire qui était la base
de toutes ses combinaisons.

Or si l'on jette les yeux sur la carte du théâtre des opérations,
on voit que Wavre est sur la route de Gembloux à Bruxelles ; par
conséquent ce n'était pas en suivant les Prussiens sur Wavre
que Grouchy pouvait les empêcher d'aller sur Bruxelles : il ne
pouvait, au contraire, que les y rejeter d'autant plus que n'étant
même pas encore au contact avec eux il n'avait aucune raison
d'espérer les déborder et les faire sortir de la route qu'ils sui-
vaient. Par ses dispositions, il ne pouvait pas davantage les
séparer de Wellington, car en suivant les Prussiens sur la route
de Wavre il était toujours plus loin qu'eux des Anglais, soit que
ces derniers eussent continué eux aussi sur Bruxelles, soit qu'ils
se fussent arrêtés à Mont-Saint-Jean.

Grouchy jugeait donc mal la situation et il appartenait à Napoléon de rectifier ses idées.

Si Napoléon, en recevant la lettre de Grouchy, n'avait pas été
dominé par des idées préconçues, il aurait donc dû lui répondre :

Si les Prussiens sont à Wavre, de quelque manière que vous
vous y preniez, vous ne pouvez pas les empêcher d'aller à
Bruxelles, vous ne pouvez que les retarder en les attaquant en

---

[1] La relation de Grouchy (*Mémoires*, IV, 58-59) donne un texte qui n'est
pas tout à fait conforme à celui adopté par Napoléon. Au lieu de : *afin qu'ils
ne puissent gagner Bruxelles et de les séparer de Wellington*, Grouchy aurait
écrit : *Je les suivrai dans cette direction (Wavre) et les attaquerai dès que je les
aurai joints.*

Si l'on admet cette deuxième rédaction, rien ne pouvait faire croire à Napoléon que son lieutenant, puisqu'elle indique qu'il n'a même pas encore joint
les premiers, allait s'interposer entre les premiers et les Anglais ; mais ce que
nous prétendons, c'est que même le texte adopté par Napoléon et que
M. Houssaye regarde comme le plus exact, n'était pas fait pour rassurer l'empereur, parce qu'en suivant les Prussiens il n'empêchait pas le gros de leurs
forces d'aller joindre les Anglais. Aussi nous estimons, et sur ce point nous
sommes d'accord avec M. Houssaye, que la différence entre les deux textes est
sans importance.

queue. D'autre part, ce n'est pas en les suivant sur Wavre que vous les séparerez de Wellington qui est sur la route de Genappe à Bruxelles.

« Pour obtenir ce résultat, il faut passer la Dyle plus haut que Wavre, c'est la seule manière de vous interposer entre les Prussiens et les Anglais, si ceux-ci restent en position à Mont-Saint-Jean. »

Cette manière de juger la situation est d'une justesse évidente. C'est une question de géométrie élémentaire, et quoique la géométrie ne joue qu'un rôle secondaire en stratégie, il faut cependant éviter de confondre une ligne droite avec une ligne brisée et se rappeler que la perpendiculaire est plus courte que l'oblique.

Or, Napoléon au lieu de rectifier les idées de Grouchy, les a, au contraire, confirmées. Le 18, à 10 heures du matin, Soult écrivait au commandant de l'aile droite : « Sa Majesté désire que *vous dirigiez vos mouvements sur Wavre* », et, dans la lettre de 1 heure, il disait encore : « Votre mouvement sur Corbais et Wavre est conforme aux dispositions de Sa Majesté ».

Et ce n'est que dans le post-scriptum de cette lettre écrite après l'apparition des Prussiens à Saint-Lambert qu'il ajoute : « Ne perdez pas un instant pour vous rapprocher de nous et nous joindre pour écraser Bulow que vous prendrez en flagrant délit ».

Comme nous l'avons déjà fait observer, c'était assurément le mouvement juste, mais il était trop tard.

La lettre partant à 1 heure ne pouvait parvenir à Grouchy avant 5 heures, elle devait le trouver aux abords de Wavre, et par conséquent elle ne pouvait l'amener en temps utile sur le champ de bataille.

Ce qu'il faut conclure de ces observations, c'est d'abord que la lettre de Grouchy, de 10 heures du soir, ne pouvait donner à Napoléon aucune assurance contre l'arrivée des Prussiens, c'est ensuite que Napoléon, qui a reçu cette lettre à 2 heures du matin, n'a rien fait pour mettre Grouchy dans la bonne voie.

Quant à la cause de l'erreur de Napoléon, c'est la même que la veille, c'est que, malgré les renseignements qu'il a déjà le matin du 18 sur la présence des Prussiens à Wavre, il les croit incapables de revenir rapidement à la bataille. Il néglige la direction dangereuse, c'est-à-dire celle de Wavre à Mont-Saint-Jean.

comme la veille il avait négligé celle de Ligny à Wavre par Mont-Saint-Guibert, parce qu'il estime *a priori* que les Prussiens bien battus ne peuvent pas songer à rallier de suite les Anglais.

Plus loin (545), M. Houssaye revient sur l'heure du commencement de la canonnade de Mont-Saint-Jean ; il prétend que cette canonnade n'a commencé qu'à 1 heure et rappelle à ce sujet cette phrase des Mémoires de Napoléon : « qu'avant de donner le *signal*, il voulut jeter un regard sur le champ de bataille et qu'il aperçut des troupes dans la direction de Saint-Lambert ». Or, dit M. Houssaye, c'est à 1 heure seulement que l'Empereur aperçut ces troupes. Mais il est facile de répondre que le signal dont parle Napoléon est celui de l'attaque de l'infanterie et non celui de l'ouverture du feu de l'artillerie qui devait la préparer, et qui en effet l'a précédée de près d'une heure, de sorte que la citation de M. Houssaye est une *raison de plus* pour que la canonnade ait commencé vers midi.

Revenant (p. 548) sur le mouvement de Grouchy par la rive gauche de la Dyle, M. Houssaye observe que c'était le seul moyen de faire plus ou moins obstacle à une marche latérale des Prussiens.

Il n'y a pas de doute à ce sujet, et surtout on le voit bien après coup, mais sans penser comme le général Lettow-Vorbeck qu'un pareil mouvement eût été juste le contraire des ordres que Grouchy avait reçus de Napoléon, nous estimons néanmoins que rien dans ces ordres ne pouvait l'y porter.

On peut discuter tant qu'on voudra sur ce point ; mais la seule cause véritablement effective du faux mouvement de Grouchy est dans l'aveuglement de Napoléon qui, avant de voir les Prussiens déboucher sur le champ de bataille, n'a pas cru un seul instant qu'ils seraient en mesure de rentrer en ligne avant plusieurs jours, et qui, le matin même de la bataille, répondait à son frère Jérôme appelant son attention sur la possibilité de leur arrivée par Wavre (II., 323), « qu'après une bataille comme celle de Fleurus, la jonction des Anglais et des Prussiens est impossible d'ici deux jours ; d'ailleurs les Prussiens ont Grouchy à leurs trousses ».

Il aurait dû être manifeste au contraire que dans la situation des armées il ne suffisait pas que Grouchy fût aux trousses des

Prussiens pour les empêcher d'arriver. C'est cette erreur capitale qui est la vraie cause de la fausse direction suivie par Grouchy.

« Comme il était dans les éventualités, dit encore M. Houssaye (542), sinon absolument dans les présomptions, que les Anglais tiendraient, et comme Grouchy était informé que les Prussiens se dirigeaient sur Wavre, il devait manœuvrer au plus vite pour contrarier la jonction des deux armées ennemies. »

Sans doute, c'est ce qu'il avait de mieux à faire, mais il est facile de répondre que le 18 à 2 heures du matin, pour Napoléon, il était non seulement dans les éventualités et même dans les présomptions que les Anglais viendraient, mais que ce devait être pour lui presque une certitude, tandis qu'en réalité Grouchy n'en savait absolument rien, et comme l'Empereur était informé aussi bien et même mieux que Grouchy qu'il y avait des Prussiens à Wavre, nous avons déjà soutenu et nous répétons qu'il avait pour attirer Grouchy à lui des raisons plus décisives que ce dernier n'en possédait pour s'y porter de lui-même. Or, il ne l'a pas appelé ; Grouchy pouvait réparer sa faute, mais c'est à lui avant tout qu'elle est imputable.

Quant à l'efficacité du mouvement s'il eût été commencé à 4 heures du matin, il ne peut y avoir de doute, et nous pensons à ce sujet, comme M. Houssaye, que Grouchy serait arrivé en temps utile sur le champ de bataille. M. Houssaye estime même que j'ai fait marcher Grouchy trop vite en le faisant arriver à midi à Maransart ; mais en y regardant de près, on peut voir qu'il n'y a pas une différence bien sensible entre son appréciation et la mienne, car de Maransart il fallait encore bien une heure pour arriver à Plancenoit, que Gérard aurait ainsi atteint vers 1 heure, tandis que d'après M. Houssaye il n'y aurait été qu'à 2 heures ; mais dans les conditions où l'on se trouvait, on ne pouvait pas faire de calculs très précis, la rapidité de la marche dépendant des incidents qui se seraient présentés ; d'ailleurs, que Gérard fût arrivé à 1 heure ou à 2 heures, le résultat de son intervention eût été le même : c'eût été de rendre disponibles toutes les forces que Napoléon avait depuis le matin sous la main, et il n'en fallait pas davantage pour battre les Anglais avant l'arrivée des Prussiens.

En ce qui concerne l'hypothèse d'après laquelle Grouchy aurait pu être arrêté au passage de la Dyle, elle était réalisable *théoriquement*, mais ce que l'on sait des dispositions des Prussiens montre suffisamment qu'elle ne se serait pas réalisée, d'autant plus que, d'après le dispositif que j'ai indiqué, Vandamme aurait commencé par marcher dans la direction de Wavre et c'eût été une raison de plus pour y maintenir le corps de Thielmann au moins jusqu'au milieu de la journée.

On avait donc, vers 2 heures, Gérard et Pajol à Plancenoit pour tenir tête à Bulow, qui n'a attaqué qu'à 4 h. 30, Vandamme et Exelmans restant disponibles pour retarder Pirch et Thielmann ; quant à Ziéten, lorsqu'il serait arrivé sur le champ de bataille, le sort des Anglais eût été réglé depuis longtemps.

M. Houssaye (553) estime que les choses se seraient passées tout autrement, parce que d'après lui le passage de la Dyle à Mousty et Ottignies n'aurait pas été terminé avant 11 heures. « Or, dit-il, à cette heure-là, l'approche des corps de Ziéten et de Thielmann eût déjà été signalé à Grouchy ; l'apparition de ces masses lui eût vraisemblablement fait croire qu'il allait avoir à combattre toute l'armée prussienne, et pour y résister il aurait conservé toutes ses forces avec lui. »

A cette argumentation, nous répondrons :

D'abord qu'en admettant que le passage de la Dyle n'ait été terminé qu'à 11 heures, cela n'eût pas empêché la tête de colonne de continuer sur Maransart, où elle serait arrivée vers midi (de Mousty à Maransart, au plus 8 kilomètres).

D'autre part, rien ne prouve qu'à 11 heures on se serait trouvé aux prises avec les corps de Ziéten et de Thielmann. Ziéten était à Bierges depuis le 17 au soir, il y était encore le 18 à midi, maintenu sur ses positions par le défilé des troupes de Bulow et de Pirch 1er (H. 288, 399).

Il est peu probable que le mouvement de Grouchy vers Mousty ait accéléré sa marche, si ce mouvement eût été exécuté comme nous l'avons indiqué, car, quoi qu'en dise M Houssaye, il faut remarquer que les dispositions que nous avons proposées diffèrent sensiblement des siennes (504). Il suppose, en effet, que les troupes de Grouchy marchent en deux colonnes, l'une par Gentinnes sur Mousty, l'autre par Cortil sur Ottignies, et que partant à 4 heures du matin, elles atteignent la Dyle entre 9 et 10 heures ; tandis que j'ai admis que le mouvement serait fait *en trois co-*

lonnes[1], dont deux auraient suivi les itinéraires indiqués par M. Houssaye, et la troisième le chemin de Wavre par Nil-Pierreux et La Baraque. Dans ces conditions, le mouvement eût été sensiblement plus rapide, non seulement parce que les colonnes eussent été moins profondes, mais aussi parce que Vandamme, qui était déjà au delà de Gembloux, aurait eu à rebrousser chemin s'il avait dû marcher par Cortil, tandis que pour suivre le chemin de Wavre, il n'avait qu'à se diriger droit devant lui. De Gembloux à La Baraque, il n'y a que 12 kilomètres; Vandamme y serait arrivé avant 8 heures, précédé par Exelmans; de là, il allait occuper le défilé du bois de la Huzelle; dans cette position, il était une menace pour l'ennemi, qui pouvait craindre de voir les Français déboucher sur Wavre, et en même temps il eût été une flanc-garde pour les deux autres colonnes, qui, n'ayant rien à craindre sur leur droite, seraient arrivées sur la Dyle aussi vite que l'état des chemins le permettait. Ils y seraient parvenus vers 9 heures, mais la cavalerie du 4e corps (général Valin) y aurait été deux heures plus tôt, bien avant que les Prussiens aient été prévenus de notre mouvement. Dès lors, le passage se faisait sans la moindre difficulté; les escadrons du général Valin auraient été à Maransart à 9 heures; la tête de colonne de l'infanterie vers midi, protégée sur sa droite par une division du 3e corps, qui d'après nos propositions aurait fait partie de la colonne centrale avec une brigade de dragons et qui, après le passage de la Dyle, aurait pris position dans la direction de Chapelle-Saint-Lambert.

Il est probable que Ziéten ou Thielmann ne se seraient montrés que l'après-midi; mais nous estimons que dans aucun cas Grouchy n'aurait dû conserver toutes ses forces réunies sous sa main; il ne s'agissait pas, en effet, de livrer bataille aux Prussiens, mais de se relier le plus vite possible à Napoléon en contenant les Prussiens, non par un combat de pied ferme, mais au besoin par un combat en retraite.

Vandamme qui, après avoir servi de flanc-garde, aurait à son tour passé la Dyle, aurait suffi à cette tâche, tandis que Gérard était libre de continuer vers Napoléon. D'ailleurs, une fois au

---

[1] Voir mon livre, page 188.

delà de la Dyle, on eût été sous la main de l'Empereur, et c'eût
été à lui d'utiliser pour le mieux les troupes qu'il avait à sa
portée. Nous ne savons pas plus que M. Houssaye ce qu'il aurait
prescrit, mais il nous semble que le meilleur parti eût consisté à
appeler de suite Gérard sur Plancenoit pour l'opposer à Bulow,
tandis que Grouchy, avec le reste de ses forces, eût défendu le
terrain pied à pied entre la Dyle et le ruisseau de Lasne. Nous
rappelons aussi que, d'après nos propositions, Pajol aurait formé
une quatrième colonne arrivant par la grande route du Mazy sur
Genappe, où elle aurait pu se trouver à 9 heures du matin sous
la main de Napoléon.

Quant au mouvement conseillé par Gérard, M. Houssaye estime (554) que, si Grouchy eût suivi l'avis de son lieutenant, sa
tête de colonne serait arrivée à Maransart vers 6 heures ; nous
avons dit qu'elle pouvait être à Plancenoit avant 7 heures, ce
qui revient à peu près au même, car de Maransart à Plancenoit
il y a à peine 3 kilomètres, et il nous semble que l'avis de
M. Navez, soutenant qu'on ne serait arrivé à Maransart qu'entre
9 et 10 heures, n'est pas soutenable.

Mais pour accélérer le mouvement sans donner de suite l'éveil
aux Prussiens, il n'aurait pas fallu faire prendre la tête par Vandamme, comme l'admet M. Houssaye.

Au moment de l'altercation entre Grouchy et Gérard, Vandamme avait déjà dépassé Walhain, son avant-garde était à
Corbais ; le mieux eut été, comme le matin, de faire occuper au
plus vite le défilé du bois de la Huzelle par une division de dragons et une division de Vandamme dans le but de laisser les
Prussiens sous la menace d'une attaque sur Wavre et de pro-
téger en même temps la marche des autres troupes vers la Dyle.
Le gros du corps de Vandamme avec une seconde division de
dragons se seraient dirigés sur Ottignies, et le corps de Gérard
sur Mousty. Quant à Pajol il aurait été rappelé de Tourinnes
avec l'ordre de suivre Vandamme par Corbais sur Ottignies.
Dans ces conditions Gérard partant de Walhain vers midi serait
arrivé à Mousty vers 4 heures, sa cavalerie pouvait y être à
2 heures ; protégé par Vandamme au delà de la Dyle comme en
deçà, il pouvait être à Plancenoit avant 7 heures. Voilà,
croyons-nous, qu'elles étaient les dispositions les plus ration-
nelles ; elles permettaient de porter au plus vite un secours à

Napoléon tout en se gardant contre les Prussiens. D'ailleurs comme nous l'avons déjà dit, une fois sous la main de Napoléon, on aurait obéi à ses prescriptions. En portant de suite la tête de colonne de Vandamme sur la Dyle on aurait pu y arriver une heure plus tôt, mais alors le mouvement s'exécutait sans aucune sécurité ; pour en avoir il fallait avant tout occuper le défilé de la Huzelle et comme les dragons d'Exelmans n'y auraient pas suffi, il fallait y employer quelque troupe de Vandamme, sinon une division au moins une brigade ; cette dernière disposition était peut-être la meilleure parce que, dans tous les cas, on aurait eu un peu plus tard les troupes de Pajol comme soutien.

En somme, il résulte de cette discussion qu'en suivant le conseil de Gérard la tête de colonne de Grouchy aurait pu intervenir à Plancenoit avant 7 heures, mais nous persistons à penser que cela n'aurait pas suffi pour donner la victoire à Napoléon.

M. Houssaye estime que c'est discutable ; nous l'admettons fort bien et si la certitude de l'arrivée prochaine d'un puissant secours avait déterminé Napoléon à avancer l'attaque de la Garde d'une heure, il n'est pas certain qu'il n'eût pas réussi à chasser les Anglais de leurs positions avant l'arrivée de Ziéten.

On pourra discuter longtemps sur ce point sans être en mesure d'affirmer rien de formel ; mais il ne s'ensuit pas que le conseil de Gérard ne fût pas opportun comme le soutient M. Navez. Quand même il serait prouvé après coup qu'en suivant ce conseil Grouchy serait arrivé trop tard, il n'en serait pas moins manifeste que Gérard avait raison parce que, étant donnée la situation des forces en présence au moment où la canonnade se fit entendre à Walhain, son avis était rationnel et que si en le suivant on n'était pas sûr d'obtenir un résultat utile, c'était cependant la seule manière d'y arriver. Grouchy a donc eu tort de résister aux sollicitations de son lieutenant, mais nous répétons que c'est surtout à Napoléon que la faute est imputable, et que c'était à lui qu'il appartenait d'appeler Grouchy à la bataille, qu'à la pointe du jour il avait toutes les raisons de le faire, et qu'alors si le maréchal s'était mis en marche vers la Dyle à 7 heures du matin ce n'est pas à 7 heures du soir qu'il serait arrivé à Plancenoit mais à 2 heures, et dans ces conditions le résultat de son intervention n'aurait pas été douteux. Napoléon disposant de toutes ses forces dès le début de la bataille aurait chassé les Anglais de leur position avant 5 heures.

Mais le mouvement à exécuter dans la matinée n'était pas dans l'esprit des instructions envoyées préalablement à Groucby, et celui-ci ne pouvait être porté à l'exécuter qu'en en recevant de nouvelles mieux appropriées aux circonstances; et comme malgré les renseignements que Napoléon possédait il ne l'a pas appelé à lui, c'est lui-même qui doit être regardé comme le véritable auteur responsable de la non-intervention de son lieutenant.

Nous ne sommes pas de l'avis de M. Houssaye à ce sujet, mais nous partageons sa manière de voir sur le résultat probable de cette intervention en repoussant complètement la manière de voir de M. Navez (554).

Il est encore un autre point sur lequel les deux écrivains diffèrent du tout au tout, c'est sur l'avantage qu'aurait obtenu Napoléon en commençant la bataille beaucoup plus tôt.

M. Houssaye soutient qu'en commencant vers 6 ou 7 heures du matin Napoléon aurait culbuté l'armée anglaise avant l'arrivée des Prussiens (512).

M. Navez prétend au contraire que dans ce cas les Prussiens seraient arrivés beaucoup plus vite, et qu'ils seraient entrés en ligne dès 11 heures.

Nous croyons que la manière de voir de l'un ni de l'autre n'est complètement juste.

D'abord la situation des troupes françaises au matin du 18, leur éloignement, leur désordre, la fatigue résultant d'un repos insuffisant pris sous une pluie incessante ne permettaient pas de commencer la bataille à 6 heures ni même à 7; mais on pouvait le faire entre 9 et 10 heures comme c'était d'abord l'intention de Napoléon; nous estimons que c'eût été suffisant pour battre les Anglais avant l'arrivée des Prussiens à la condition de donner de suite à l'action toute l'intensité possible, c'est-à-dire de faire à 10 heures ce qui en réalité a eu lieu à 1 heure. Si, à partir de ce moment Napoléon combinait une attaque centrale avec une attaque débordante sur la gauche anglaise et qu'il y employât toutes ses forces sauf la division de jeune Garde et la cavalerie de Lefebvre-Desnouettes qui auraient pris position à Frichermont pour surveiller la droite, il est hors de doute qu'avant 2 heures les Anglais auraient été débusqués.

Or malgré le bruit du canon qui s'est fait entendre avant midi, Bulow n'a débouché du bois de Paris qu'à 4 h. 30, il n'est devenu menaçant qu'à 5 heures, c'est-à-dire cinq heures après le commencement de la canonnade.

Il n'y a pas de raison pour qu'en l'entendant 2 heures plus tôt il ait marché plus vite ; on peut même dire qu'il lui aurait fallu plus de temps pour intervenir, car il eut été au début plus loin du champ de bataille. Il ne serait donc entré en ligne qu'à 3 heures au plus tôt, c'est-à-dire après que Napoléon eût été maître du champ de bataille des Anglais.

Il n'y a pas de raison non plus pour que Ziéten et Pirch soient intervenus plus vite. Puisque le premier n'est arrivé à Ohain que sept heures après le commencement de la canonnade on ne voit pas pourquoi il aurait été plus vite si cette canonnade avait commencé plus tôt. Il ne serait arrivé à Ohain qu'à 5 heures, ou plutôt il n'y serait pas venu du tout, car en apprenant la situation des Anglais, il aurait jugé sans doute plus prudent de ne pas se compromettre et il se serait contenté de prendre une position défensive derrière la Lasne en ralliant Bulow.

Nous trouvons donc en somme que Napoléon avait encore des chances de gagner la bataille sans Grouchy, en avançant l'heure de l'attaque et l'erreur qu'il a commise à ce sujet n'est imputable qu'à lui-même ; si l'opinion de Drouot a pu l'amener à retarder son attaque pour laisser le terrain se raffermir, c'était à lui d'apprécier la valeur de cette considération.

En réalité la vraie cause qui l'a amené à retarder la bataille, c'est la même qui l'a empêché d'appeler Grouchy, c'est un manque absolu de perspicacité au sujet des projets des Prussiens.

Comme il était convaincu qu'ils ne rentreraient pas en ligne avant plusieurs jours, il a pensé qu'il pouvait prendre son temps pour attaquer les Anglais, et pour la même raison il a jugé qu'il pouvait se passer de Grouchy. De sorte qu'à quelque point de vue que l'on se mette c'est lui qui est bien l'auteur des fautes capitales qui ont amené le désastre de l'armée française.

————

ÉPILOGUE

Nous nous sommes efforcé, dans les pages précédentes, de jeter une lumière nouvelle sur les événements de la campagne de 1815, en cherchant à établir, aussi équitablement que possible, les responsabilités encourues par les principaux acteurs de ce grand drame, dont le dénouement a eu une si grande influence sur les destinées de l'Europe et spécialement sur celles de la France. On peut s'étonner qu'après un siècle de recherches et de discussions, on n'ait pas encore réussi à se mettre d'accord sur les véritables causes de la catastrophe de l'armée française ; cela tient à ce que l'histoire en général et l'histoire militaire en particulier est trop rarement traitée avec la rigueur que comportent les sciences exactes. Et cependant ce devrait en être une, si ceux qui s'y adonnent avaient l'esprit complètement libre et dégagé de préjugés. Mais bien souvent les historiens avant d'avoir étudié les faits savent où ils veulent aboutir ; il s'agit pour eux de soutenir une thèse, sans s'être assurés qu'elle repose sur des prémisses solides et alors ils se laissent aller plus ou moins consciemment à torturer les textes, à les dénaturer et aussi à leur donner une signification sinon visiblement fausse, au moins hypothétique.

Dans de pareilles discussions les arguments les plus décisifs ne convainquent jamais ceux qui ont pris position et qui tiennent d'autant plus à leur opinion qu'il s'agit d'un fait plus important. C'est en particulier ce qui a eu lieu pour la campagne de 1815, parce que bien des intérêts politiques autant que militaires, sur lesquels chacun a son siège fait, sont en jeu et qu'en adoptant de nouvelles conclusions on serait réduit à changer tout un ensemble d'idées et de convictions qui donnent à la vie d'un homme son caractère propre. Ainsi, sur le point principal de mon premier ouvrage, qui est de savoir a qui a été adressée la note au crayon dont l'objet était d'amener d'Erlon sur le champ de bataille de Ligny, M. Houssaye déclare que je ne l'ai pas convaincu. Je n'en suis pas étonné, je puis même dire que j'étais certain d'avance que je ne le convaincrais pas.

Parce que ce qui caractérise l'objet du litige c'est que la responsabilité de Napoléon sur les événements de la journée du 16 juin en dépend. S'il a fait tout ce qu'il pouvait pour appeler d'Erlon, c'est sur d'autres que doit retomber cette responsabilité ; tandis que dans le cas contraire c'est à lui-même qu'elle est imputable.

Or cette considération est suffisante pour déterminer l'opinion de bien des gens qui sont convaincus *a priori* que Napoléon a appelé d'Erlon par cette seule raison qu'il devait le faire.

Et c'est en particulier la manière de voir de M. Houssaye qui tient à prouver qu'en 1815 Napoléon était encore le parfait général d'Austerlitz et d'Iéna.

Il a bien pu, sur certains points secondaires, modifier sa manière de voir, mais sur la question du destinataire de la note au crayon j'étais bien persuadé qu'il maintiendrait une appréciation à laquelle il s'était arrêté après de longues recherches.

Pour ces raisons, on peut dire qu'il serait inutile de prolonger la discussion s'il ne s'agissait que de trouver un terrain d'entente entre ceux qui après avoir étudié la même question sont arrivés à des conclusions opposées. Et en présentant à ce sujet de nouveaux arguments pour combattre l'opinion de M. Houssaye je n'ai nullement eu l'espoir de réussir à le convaincre mieux que la première fois.

Mais à vrai dire c'est bien moins à lui que je m'adresse qu'à ceux dont le siège n'est pas fait et qui se proposent d'arriver à la vérité, en étudiant les faits sans parti pris.

Avant tout les conclusions d'une étude historique doivent reposer sur la connaissance des faits ; pour y arriver on ne saurait s'entourer de trop de documents, mais en les consultant il s'agit de bien s'entendre sur les conditions auxquelles ils doivent satisfaire pour servir de base aux jugements que l'on se propose de porter.

Il faut d'abord que ces documents soient authentiques et véridiques ; ensuite si on les met sous les yeux du lecteur il est néces-

...aire de les reproduire sinon intégralement du moins exacte-
...ent, je veux dire en évitant d'en changer le sens. Or il faut se
...éfier du « coup de pouce » de l'historien comme de celui du
...hysicien ; l'un s'y laisse aller pour soutenir une thèse politique
...u sociale comme l'autre pour mettre en évidence une loi sup-
...posée de la nature. En outre il convient de ne pas accorder indif-
...féremment à tous les documents une égale importance ; car, à
...côté de relations qui touchent aux points capitaux, il en est
...d'autres qui ne se rapportent qu'à de menus faits, peut-être inté-
...ressants pour ceux qui cherchent dans l'histoire un roman, mais
...que peut négliger celui qui n'a en vue que la liaison des causes
...et des effets. Enfin en consultant les documents il faut savoir les
...interpréter, c'est-à-dire bien saisir la pensée de leurs auteurs, ce
...qui n'est pas toujours très facile, quand il s'agit de questions
...qui exigent des connaissances spéciales et l'emploi d'expressions
...techniques, dont le sens n'est pas toujours très clair pour ceux
...qui n'en ont pas fait une étude particulière ; c'est justement le
...cas des études militaires.

Or il est certain que ces conditions sont rarement remplies.
Par exemple, sur la question de la note au crayon, M. Houssaye
s'appuie sur de nombreux textes, mais que valent-ils au juste ?

Sans doute ils sont authentiques, ils émanent notoirement de
ceux à qui M. Houssaye les attribue, mais sont-ils véridiques ?

Il est clair qu'ils ne le sont pas tous, puisqu'ils se contre-
disent aussi bien au sujet du nom du porteur que sur celui du
destinataire ? Dès lors il faut choisir. Ainsi que je l'ai fait remarquer, le plus grand nombre des relations citées par M. Houssaye
peuvent être écartées comme insignifiantes ; elles prouvent que
Napoléon voulait d'Erlon, mais n'indiquent pas par quel procédé
il a cherché à l'attirer à lui.

D'autres, quoique détaillées, ne sont que des souvenirs loin-
tains de gens qui n'ont vu les événements que par un petit côté
et qui les ont adaptés aux idées généralement en cours. De
pareilles relations sont insuffisantes pour entraîner la conviction.

Sur ce point nous approuvons absolument la manière de voir
du général Lettow-Vorbeck, qui déclare n'avoir utilisé pour son
ouvrage que les sources officielles, ne voulant accorder que peu
de crédit aux renseignements tirés de documents appartenant à
des particuliers. M. Houssaye a procédé d'une manière opposée,

il puise à toutes les sources ; mais un grand nombre de celles sur lesquelles il s'appuie sont dépourvues de valeur.

Il ne néglige pas les sources officielles, mais il se trouve justement qu'en y faisant appel il les reproduit sans exactitude. Notamment au sujet de la journée du 16 juin, il cite diverses dépêches de Soult en les tronquant ou les modifiant de manière à en changer complètement le sens ; par l'addition d'un seul mot bien placé il résout la question en litige ; après avoir donné crédit à divers témoignages émanant visiblement d'officiers mal renseignés, il récuse ceux de d'Erlon lui même sous le prétexte qu'ils sont contradictoires et quand on se reporte aux textes originaux on reconnaît au contraire que la contradiction n'existe pas et que toutes les relations de d'Erlon sont aussi nettes que précises. C'est ainsi que M. Houssaye a conquis l'adhésion de ses lecteurs, non seulement celle du gros public qui n'a ni le moyen ni le loisir de remonter aux sources, mais celle de ses confrères de l'Académie française, qui pourraient consulter les textes, mais qui s'en dispensent, convaincus que ce n'est pas nécessaire. Il ne faut pas s'en étonner ; l'Académie française est avant tout une société d'admiration mutuelle[1] ; les hommes distingués qui la composent sont naturellement portés à se juger réciproquement avec bienveillance et à s'accorder une confiance mutuelle, sans avoir besoin de rechercher si elle est toujours justifiée.

C'est ainsi, par exemple, que M. Brunetière a déclaré qu'il n'y a pas d'historien plus exact que M. Houssaye. Il ajoutait qu'il n'y en a pas de plus éloquent ou plutôt que c'est son exactitude qui

---

[1] Il est certain que les sociétés d'admiration mutuelle ont du bon, et je ne voudrais pas trop en médire. En tout l'union fait la force, et il faut convenir que les gens qui s'entendent pour s'adresser des louanges réciproques augmentent singulièrement leurs chances de succès vis-à-vis d'un public plus ou moins compétent, qui cherche surtout dans les livres à la mode un moyen de délassement et qui ne tient pas à approfondir les matières qui font l'objet de ses lectures.

Mais on doit reconnaître aussi que cette entente préalable ne présente pas que des avantages et qu'elle renferme en même temps des inconvénients dont les esprits indépendants et sincères ne peuvent manquer d'être frappés.

L'obligation d'admirer *a priori* leur répugne ; ils ne peuvent se résoudre à exprimer des louanges pour des œuvres dont ils désapprouvent soit le fond soit la forme. Dès lors il leur faut renoncer à la puissante réclame qui résulte de l'association : car bien des gens ne donnent de l'encens qu'avec l'espoir qu'il leur en reviendra quelque peu.

tait son éloquence. Nous croyons qu'il serait beaucoup plus juste de dire que c'est en raison de son éloquence qu'on lui accorde *a priori* son exactitude, car si l'on y regardait de près on verrait facilement qu'une belle rhétorique ne suffit pas à édifier une démonstration rigoureuse.

Nombre de militaires eux-mêmes ont accepté les conclusions de M. Houssaye sans avoir cherché à vérifier la valeur des documents sur lesquels il s'appuie.

Ainsi le général Lettow-Vorbeck admet que l'ordre concernant d'Erlon lui a été envoyé directement par Napoléon, malgré les dénégations de ce dernier conformes aux relations de d'Erlon lui-même ; plus récemment le général Zurlinden dans un article publié par *la Revue d. Deux-Mondes*[1] adopte la même manière de voir, affirmant que le récit de M. Houssaye est basé sur des documents sévèrement contrôlés.

Or ceux qui voudraient les contrôler s'apercevront facilement que sur nombre de points essentiels ils sont reproduits inexactement.

On pourrait être surpris que des hommes compétents se rallient aussi facilement aux conclusions d'un auteur étranger aux questions militaires, sans chercher eux-mêmes à y regarder de près ; mais on se rend bien compte de la tendance générale qui détermine l'opinion des Français sur ces questions, tendance à laquelle n'échappent pas les hommes de métier eux-mêmes et qui consiste à rechercher dans les actes de Napoléon et surtout dans sa chute un roman qui frappe l'imagination.

Il résulte de cette tendance que les erreurs du genre de celles de M. Houssaye sont justement ce qui fait le succès de son livre, parce que les conclusions auxquelles elles conduisent répondent au sentiment national.

En France il nous faut des idoles ou des traîtres; les deux vont ensemble, et c'est justement parce que l'on admet *a priori* que Napoléon n'a pas pu se tromper que l'on a voulu trouver la cause de sa chute dans la trahison ou l'ineptie de ses subordonnés.

Pour nous, nous nous sommes efforcé de nous affranchir de

[1] Janvier 1906.

cette tendance, ayant entrepris d'aborder l'étude de la campagne de 1815 sans idées préconçues et convaincu que pour asseoir ses convictions sur une base solide il fallait avant tout s'assurer de l'exactitude des documents sur lesquels on voulait l'appuyer.

Mais, comme je l'ai dit plus haut, tous les documents authentiques et véridiques n'ont pas la même importance. L'objet principal de la critique militaire est de relier les effets aux causes et à ce point de vue on peut dire que nombre de détails sont sans intérêt. En signalant certaines défectuosités il faut donc se demander si elles ont bien réellement produit les résultats qu'on leur attribue.

Ainsi le général Zurlinden, dans l'article de *la Revue des Deux-Mondes* que j'ai rappelé plus haut, est amené à cette conclusion : que l'issue fatale de la campagne de 1815 est due en grande partie à la perfection des états-majors ennemis et à l'insuffisance de l'état-major français, et c'est ce qui fait dire à M. Houssaye (525) : « Cette idée-là est bien la plus neuve et peut-être la plus juste qui ait été produite dans les livres publiés depuis cinq ou six ans sur la campagne de 1815. »

Neuve, sans aucun doute, mais juste nous le contestons. Il ne s'agit pas de savoir si d'une manière générale Soult était inférieur ou supérieur à Berthier comme major général, mais d'indiquer d'une manière précise en quoi ont consisté les fautes d'état-major qui ont été commises du 15 au 18 juin et quelles en ont été les conséquences. Notamment au sujet des faux mouvements de d'Erlon, j'avoue ne pas comprendre comment la présence de Berthier aurait assuré l'arrivée du 1er corps sur le champ de bataille de Ligny, puisque, pour moi, il est absolument démontré que Napoléon n'avait pas l'intention de donner d'ordre direct à d'Erlon.

Or c'est justement là l'erreur commise ; elle est imputable à l'Empereur lui-même ; ce n'est pas une faute du service d'état-major.

Pour la journée du lendemain, les détails donnés par Lettow-Vorbeck sur l'état de l'armée prussienne montrent quels résultats on eût obtenus en la poursuivant.

Si on ne l'a pas fait, la cause doit en être attribuée non pas à l'état-major, mais à Napoléon lui-même. Le rôle de l'état-major n'est pas de concevoir les opérations, mais d'assurer l'exécution des dispositions du général en chef dont l'intervention, après Ligny, était d'autant plus nécessaire que la situation, loin d'être simple et nette, était au contraire compliquée par la présence de deux adversaires distincts et encore mal liés ensemble.

Le général Zurlinden appelle encore l'attention sur l'intervention de l'état-major prussien, et spécialement sur le général qui le commandait. Pour nous, nous ne voyons rien de bien extraordinaire dans ce qui s'est passé. Blücher n'était plus capable d'exercer le commandement, il fallait bien que quelqu'un prît la direction des mouvements; comme aucun des commandants de corps d'armée n'était spécialement désigné pour remplir ce rôle, il était naturel que le chef d'état-major s'en chargeât, et Gneissenau par son passé avait assez d'autorité pour le faire.

Plus loin au sujet de la marche de Grouchy sur Gembloux, le général Zurlinden est d'avis qu'il appartenait à l'état-major impérial d'inviter Grouchy à utiliser les deux chemins qui conduisent à Gembloux. Sans doute il pouvait le faire, mais Grouchy pouvait encore bien mieux en prendre l'initiative.

Il avait l'ordre d'aller à Gembloux; c'était à lui de prendre les dispositions les plus convenables et les plus rapides pour y arriver, il disposait de tous les chemins qui pouvaient y conduire, puisque les troupes sous ses ordres étaient les seules qui eussent le même but à atteindre. Il est douteux que dans cette circonstance Berthier ait agi autrement que Soult, sans l'intervention personnelle de Napoléon. Ce n'était pas son affaire, mais celle de Grouchy.

D'ailleurs nous estimons qu'on attache une importance exagérée à la faute commise en cette circonstance.

Si en effet Grouchy était arrivé à Gembloux quelques heures plus tôt, vers 6 heures du soir, il aurait sans doute pu mieux se rendre compte de la direction suivie par les Prussiens; il aurait pu écrire à Napoléon à 8 heures au lieu de 10 heures en lui donnant des renseignements plus précis, que Napoléon aurait reçus au milieu de la nuit. Admettons que ces renseignements aient appris à Napoléon que le gros de l'armée prussienne se dirigeait sur Wavre; mais ceux qu'il a reçus étaient très suffisants pour éclairer son esprit sur ce point; car non seulement dans la lettre écrite par Grouchy à 10 heures du soir et qui est arrivée à 2 heures du matin il est dit qu'une colonne prussienne a dû prendre la route de Wavre, mais Napoléon savait par une autre voie qu'une autre colonne s'était également dirigée sur Wavre par Mont-Saint-Guibert. Le 18 à 2 heures du matin, il devait donc croire au moins qu'une forte fraction de l'armée prussienne était à Wavre. Il n'en a tenu aucun compte dans les dispositions qu'il a prises soit pour attaquer les Anglais, soit pour diriger les mouvements de Grouchy ; il n'y a aucune raison de croire qu'il aurait agi autrement s'il avait reçu un peu plus tôt des renseignements un peu plus précis ; car la raison principale de sa détermination eut toujours été la même, c'était de croire *a priori* que, quoique à Wavre, les Prussiens n'étaient pas en mesure de rentrer en ligne avant plusieurs jours. Nous prétendons donc que la lenteur de la marche de Grouchy sur Gembloux n'a eu qu'une influence insignifiante sur la catastrophe de l'armée française et que, malgré cette lenteur, les opérations pouvaient se dérouler d'une tout autre manière, si à 3 heures du matin Napoléon, éclairé par les renseignements qui venaient de lui parvenir, avait prescrit à Grouchy de venir à lui par les voies les plus rapides : en se mettant en marche vers 7 heures les têtes de colonnes du maréchal seraient arrivées à Plancenoit vers 4 heures ; Napoléon, prévenu de leur approche vers midi, pouvait employer presque toute son armée contre les Anglais, et il est hors de doute qu'il aurait suffi d'appuyer la charge des cuirassiers avec le gros de la Garde pour bousculer les Anglais avant l'arrivée des Prussiens.

Le général Zurlinden n'est pas le seul qui attribue une influence, suivant nous exagérée, au rôle de l'état-major de 1815. Dans une étude assez développée, parue en 1899 dans la *Revue critique*, et dont nous avons déjà parlé, M. Salomon Reinach s'est appliqué à faire le procès de Soult, mais croyons-nous le plus souvent hors de propos. Il lui reproche notamment de n'avoir pas fait connaître à Vandamme, le 15, qu'il était placé sous les ordres de Grouchy. Il y avait pour cela une bonne raison, c'est que pendant presque toute la journée, Vandamme n'a pas été sous les ordres de Grouchy et qu'il n'y a été mis par Napoléon lui-même que vers 5 heures au moment du combat de Gilly. Il ne s'agissait d'ailleurs que d'un commandement temporaire, et Grouchy n'a été investi du commandement de l'aile droite que le lendemain.

Le 15 il n'avait sous ses ordres que les troupes présentes à Gilly, et, si Vandamme a refusé de lui obéir et de marcher sur Fleurus, c'est surtout parce qu'il a jugé que ses troupes étaient trop fatiguées pour aller plus loin (H. 127).

Il est vrai qu'il aurait ajouté qu'il n'avait pas d'ordres à recevoir du commandement de la cavalerie.

Mais s'il n'a pas été averti qu'il était sous les ordres de Grouchy, est-ce la faute de Soult ?

Ce dernier a-t-il suivi Napoléon à Gilly ? Rien ne le prouve et, dans le cas contraire, il ne pouvait faire connaître à Vandamme une disposition qu'il ignorait lui-même.

Au sujet de la fameuse note au crayon, M. Reinach reproche à Soult de l'avoir expédiée par un officier incapable de la déchiffrer et qui ne savait pas de quoi il s'agissait. Mais ce sont là des racontars qui ne reposent sur rien de sérieux, car d'Erlon a dit d'une manière formelle que cette note était portée par Labédoyère, qu'elle était adressée à Ney et qu'elle lui avait été communiquée.

En ce qui concerne la négligence d'avoir omis d'informer Ney du résultat de la bataille de Ligny, il est certain qu'elle est imputable à Soult, mais il faut remarquer encore qu'elle n'a eu aucune influence sur les résultats, puisque pendant toute la matinée Napoléon était décidé à ne rien faire. Nous l'avons déjà fait remarquer, dans une étude critique, il ne s'agit pas de signaler les faits en leur attribuant indifféremment une égale importance ; il faut les classer en raison de l'influence qu'ils ont eue sur les résultats. En se mettant à ce point de vue il est certain que la négligence de Soult ne peut être comptée parmi les causes de la défaite.

M. Reinach dit encore (445) que la lettre écrite par Soult à Grouchy le 18 à 10 heures du matin est un modèle de rédaction ambiguë et maladroite.

Il nous semble au contraire qu'elle est fort claire ; elle prescrit à Grouchy de marcher sur Wavre et de lier ses communications avec l'Empereur.

Elle aurait dû contenir l'ordre d'arriver au plus vite, mais s'il en était autrement c'est à Napoléon qu'il faut s'en prendre et non pas à Soult.

Enfin pour l'ordre reçu par Grouchy à 5 heures, M. Reinach reproche à Soult d'avoir choisi le porteur avec si peu de discernement qu'il était ivre au point de ne pas trouver ses mots.

Mais en supposant que cet officier ait été réellement ivre quand il a rejoint Grouchy à 5 heures du soir, est-on en droit de soutenir qu'il était dans le même état quand Soult l'a expédié quatre heures plus tôt [1] ?

Nous sommes donc d'avis que les fautes commises par l'état-major en 1815 ne sont pas aussi graves que d'aucuns voudraient le prétendre et qu'elles n'ont eu qu'une influence insignifiante sur les résultats.

Il en est de même des mauvaises dispositions d'un certain nombre d'officiers ; le passage à l'ennemi de quelques-uns d'entre eux ne peut pas être compté parmi les causes réelles du désastre de l'armée française, ainsi que nous l'avons déjà fait ressortir [2].

Ce sont des considérations que l'on peut présenter dans une histoire générale de la période des Cent-Jours, mais on peut se dispenser de les faire intervenir dans une étude critique des

---

[1] M. Reinach veut peut-être dire que Soult aurait dû choisir un officier incapable de s'enivrer ; mais en supposant qu'on pût avoir une certitude absolue à cet égard, Soult connaissait son personnel depuis trop peu de temps pour le posséder.

[2] Ce n'est pas qu'en France que l'on a attribué une grande part à la trahison dans les causes du désastre de l'armée française en 1815.

Il a paru il y a quelques années, en Italie (de 1899 à 1900), un ouvrage dont l'auteur, M. Bartelli, estime que les fautes commises par les lieutenants de Napoléon le furent non pas de bonne foi mais intentionnellement et par trahison. Pour lui il ne s'agit pas seulement de Bourmont et de quelques officiers qui passèrent à l'ennemi, mais de l'ensemble des chefs de l'armée française.

Soult, Ney, Grouchy, d'Erlon, Reille et Vandamme étaient tous des traîtres ; Napoléon a succombé sous les agissements d'une vaste conspiration civile et militaire. M. Bartelli a écrit six *volumes* pour donner les preuves de cette conspiration. J'avoue que je n'en parle que par le compte rendu qu'on a donné la *Revue militaire suisse* (octobre 1902, page 806 et suiv.) ; que je n'ai pas lu ces six volumes et que je n'ai pas l'intention de les lire. Il faudrait pour cela un héroïsme supérieur à celui des cuirassiers de Waterloo, et je conviens que c'est au-dessus de mes forces.

opérations militaires dont le principal objet doit être de ratta-
cher les résultats à leurs causes immédiates.

Les observations que nous venons de présenter montrent que
les éléments de la critique militaire sont complexes, et après
qu'on aura tenu compte des conditions que nous venons de
signaler, on n'aura pas encore tout fait. Il restera encore à établir équitablement les responsabilités que doivent supporter les
hommes qui ont pris part à la conduite des opérations, et, pour
y réussir, il faudra faire preuve d'autant d'impartialité que de
pénétration.

Pour rendre un général responsable d'une opération malheureuse, il ne suffit pas de montrer qu'en agissant autrement il
aurait empêché la défaite ; il n'est même pas suffisant de faire
voir qu'il le pouvait matériellement ; il faut prouver de plus qu'il
le devait en raison de ce qu'il savait de l'ensemble de la situation et des instructions qu'il avait reçues.

Ainsi, nombre d'écrivains rendent Gouvion-Saint-Cyr responsable du désastre de Kulm ; mais, à notre avis, cette appréciation
est le résultat d'une critique incomplète. Sans doute Saint-Cyr
aurait empêché le désastre de Vandamme en marchant vers lui,
et il le pouvait ; mais rien ne devait le conduire à exécuter un
pareil mouvement, parce que les instructions de Napoléon le
portaient à agir du côté opposé, et que de plus, loin de lui laisser
entendre que Vandamme pouvait être en danger, elles le dépei-
gnaient comme ayant jeté l'épouvante dans l'armée russe. D'ailleurs, le reproche formé contre Saint-Cyr pourrait être tout aussi
bien adressé à Mortier qui, lui aussi, pouvait appuyer Vandamme,
et qui, de plus, n'avait personne devant lui. Mais pas plus que
Saint-Cyr, il n'avait de raisons de marcher sur Kulm et, pas
plus que lui, il ne doit supporter la responsabilité du désastre
qui doit retomber tout entière sur Napoléon[1].

Il en est de même de Waterloo. Grouchy, en marchant vers
le champ de bataille le matin du 18, pouvait sans doute donner
la victoire à l'armée française, mais rien ne devait le conduire à
exécuter un pareil mouvement, et c'était aussi l'avis de Napo-

---

[1] On peut voir à ce sujet mon volume sur la *Campagne d'automne de 1813*,
p. 41 et 62.

léon, qui, même à 10 heures du matin, lui faisait savoir qu'il faisait bien de marcher sur Wavre, quoique sachant qu'il s'y trouvait des Prussiens.

Il faut donc une application soutenue pour démêler la part de responsabilité de chacun et l'établir d'une manière aussi judicieuse qu'équitable, et ce n'est pas sans avoir à surmonter de nombreuses difficultés que le critique peut y réussir.

Mais en dehors de son impartialité et de sa pénétration et pour s'en servir d'une manière fructueuse, il y a encore une autre qualité qu'il doit posséder, c'est la compétence.

Il faut que celui qui veut juger les opérations militaires sache que l'art de la guerre a des principes.

Sans doute ces principes ne sont pas absolus et ce n'est pas de leur seule application que dépend la victoire; mais de même que le général ne doit pas les perdre de vue et que dans la conduite des opérations il ne doit s'en écarter que d'après des raisons bien précises, de même le critique doit aussi en tenir compte pour juger de l'opportunité des décisions qui ont été prises.

Or, il est clair qu'il ne pourra y réussir qu'à la condition d'être pénétré de ces principes et d'avoir quelques idées précises sur les questions de stratégie positive. Or, qu'est-ce que *la stratégie positive?*

Partant de cette distinction fondamentale d'après laquelle la stratégie est l'art d'amener la bataille et d'y conduire les troupes, tandis que la tactique est l'art de la livrer, nous dirons que la stratégie positive a pour objet l'ensemble des règles précises auxquelles doivent être assujetties la conception et l'exécution des grandes opérations militaires en dehors du champ de bataille. En les appliquant, toutes choses égales d'ailleurs, on augmente les chances de vaincre; en les violant, on les diminue, mais on ne les annule pas, parce que la victoire tient encore à d'autres causes.

L'observation des principes en est une, les forces morales en sont d'autres. Si Napoléon a compris mieux que personne l'importance des forces morales, il est certain que plus qu'aucun autre également il avait des principes de stratégie positive. On peut même dire que ce qui le distingue de presque tous ses contemporains, c'est qu'il avait des idées très précises sur la manière de conduire une campagne. Nombre d'autres généraux de son temps en France et en Europe ont montré de l'habileté dans des circonstances particulières, mais ils n'avaient pas de principes généraux. Un seul fait exception, c'est l'archiduc Charles, et il avait les mêmes principes que Napoléon, mais non pas le même génie pour les appliquer. Sa campagne de 1796 en Allemagne est certainement fort belle, mais il a montré en 1809 qu'il ne suffit pas d'avoir des principes bien arrêtés pour en faire toujours une application judicieuse. Malgré sa supériorité numérique, il a été complètement battu en quelques jours, et l'on comprend que Napoléon ait pu dire qu'il n'avait lui-même jamais rien fait de plus remarquable que dans cette campagne. Sans doute 1806 est un modèle plus perfectionné, c'est la campagne académique par excellence, mais c'est aussi la plus facile. En 1809, au contraire, il avait devant lui une armée supérieure et, pour la commander, un adversaire qui pouvait être regardé comme le meilleur général de l'Europe après lui, car Wellington n'avait pas encore fait ses preuves en Espagne. Pendant toute sa carrière, Napoléon s'est toujours laissé diriger par les mêmes idées. En 1813 il voudrait renouveler sur une plus grande échelle les prodiges de 1796; en 1814, c'est par les mêmes moyens qu'il obtient, avant de succomber, les merveilleux succès de Montmirail et de Montereau, et il est digne de remarque que son dernier plan de campagne n'est que la reproduction du premier. En 1815, il voulait opérer contre les Prussiens et les Anglais comme il avait fait contre les Autrichiens et les Piémontais au début de la campagne de 1796.

Sans doute il s'en faut que ses projets soient tous établis sur le même moule; ses solutions varient avec les données des problèmes qu'il a à résoudre, mais elles reposent toutes sur les mêmes principes qui sont pour lui les *théorèmes de la stratégie*.

Parmi ces principes qui constituent l'essence de la stratégie positive, je crois qu'il n'en est pas de plus importants que ceux que j'ai étudiés dans l'ouvrage sur les *Maximes de guerre de Napoléon*, et, ainsi que je l'ai montré, ils dérivent d'une même idée fondamentale qui est celle de la liaison des forces.

Or, on peut dire de l'ensemble de ces principes que, s'il n'est guère de généraux qui en aient été pénétrés au même degré que

Napoléon, il existe en même temps fort peu de critiques qui les aient appréciés à leur vraie valeur.

C'est le mérite de Jomini de les avoir le premier mis en relief d'une manière lumineuse ; ses ouvrages ne sont au fond que l'expression fidèle de la stratégie positive pratiquée par Napoléon dans ses campagnes et exposée dans ses *Commentaires*.

On peut dire, au contraire, de Clausewitz que, en mettant en relief l'importance des forces morales, il a complètement méconnu la partie positive de la stratégie napoléonienne. Et au fond, ce qui distingue essentiellement ces deux écrivains militaires, c'est que le premier croit à la stratégie positive, tandis que le second n'y croit pas. Cette différence tient à ce que Jomini a pénétré au fond de la doctrine napoléonienne, tandis que le second n'en a pas saisi le caractère ; car les hommes sont naturellement portés à nier l'utilité de ce qu'ils ne comprennent pas.

Si l'on veut se convaincre de la justesse de cette observation, il suffit d'examiner les ouvrages que Jomini et Clausewitz ont publiés sur les principales campagnes de Napoléon. Partout la critique de Jomini brille par sa sagacité ; en rattachant les résultats obtenus à leurs causes, il met en relief l'importance des principes et montre avec une clarté parfaite comment Napoléon en a apprécié l'application.

Il en est tout autrement de Clausewitz. En traitant notamment de la campagne de 1796, il a fait voir que, sur beaucoup de points, il avait mal saisi l'esprit et le mérite des manœuvres de Bonaparte.

Au sujet de la campagne de 1806, ce n'est assurément pas lui qui aurait deviné, comme Jomini, le plan de campagne de Napoléon, car trente ans plus tard, il ne l'avait pas encore bien compris

Pour 1814, ses appréciations sont le plus souvent plus que contestables, notamment lorsqu'il prétend que Napoléon, au lieu de manœuvrer entre la Seine et la Marne de manière à couvrir Paris, aurait dû se retirer sur la Loire. Il est manifeste que si l'Empereur avait pris un pareil parti, les Alliés seraient entrés un mois plus tôt à Paris et sans avoir éprouvé les pertes qu'ils ont subies à Montmirail, à Vauchamps et à Montereau.

Pour 1815, sa critique du plan de campagne, comme celles de Ligny et de Waterloo, porte complètement à faux.

Partout il fait ressortir, et souvent avec raison, l'importance des forces morales ; mais il tient rarement compte des considérations de stratégie positive, et c'est ce qui explique bien que ses vues sur la valeur des principes et celles de Jomini soient si complètement opposées. En comprenant dans la stratégie proprement dite les causes morales, Clausewitz est arrivé à lui attribuer une influence prépondérante. Or, il est clair qu'on ne peut pas réglementer ni le courage ni l'esprit de décision ; dès lors, il n'y a pas de principes. Jomini, lui aussi, a tenu compte des forces morales, il leur a attribué toute l'influence qu'elles méritent ; mais, en même temps, il a vu autre chose : il lui a suffi pour cela de regarder de près les campagnes de Frédéric et celles de Napoléon.

Sa méthode est, suivant nous, bien supérieure à celle de Clausewitz. En distinguant ce que ce dernier a confondu, il devait arriver forcément à une stratégie positive, c'est-à-dire à un ensemble de principes clairs et précis auxquels doivent être assujetties les opérations bien conçues et bien exécutées.

Au surplus, les développements de Clausewitz sur les forces morales ne sont pas des nouveautés : l'importance de la vertu militaire, de la hardiesse, de la surprise, de la ruse, a été appréciée de tous les temps.

Les Grecs et les Romains en connaissaient la valeur aussi bien que les grands capitaines des temps modernes ; loin de les contester, nous dirons plutôt que ce sont des vérités de La Palisse. Et c'est sans doute pour cette raison que Jomini, tout en les signalant, a évité de s'étendre longuement à leur sujet.

En somme, nous trouvons que les doctrines de Jomini sont beaucoup plus complètes que celles de Clausewitz et surtout qu'elles donnent une base bien autrement solide pour l'établissement des projets d'un général, aussi bien que pour les appréciations d'un critique.

Je sais que cette manière de voir est en contradiction avec les idées professées dans nos écoles et répandues actuellement dans le public militaire, et c'est ce que le général Zurlinden n'a pas manqué de faire ressortir dans un article du *Gaulois* paru au mois de juillet dernier, en revenant encore une fois sur la campagne de 1813 ; mais justement je n'ai pas voulu perdre l'occasion de protester une fois de plus contre ces idées, car je ne connais pas d'erreur plus choquante que de soutenir que Clausewitz a été le vulgarisateur du concept napoléonien, alors que dans la plupart de ses écrits il en a dénaturé l'esprit[1].

Il n'est pas moins inexact de reprocher à Jomini l'étroitesse de ses idées; on ne peut être conduit à une pareille appréciation qu'en lisant légèrement son précis de l'*Art de la guerre*. Encore faut-il affecter d'y voir toute son œuvre, tandis qu'elle n'en est qu'une partie assurément très importante, mais qu'on doit se garder d'isoler du reste.

Ce n'est au fond qu'une définition de la stratégie et de ses éléments, avec l'exposé de leurs propriétés essentielles. Mais pour mettre en évidence ces propriétés, Jomini s'appuie sur les études détaillées des campagnes qu'il a données dans ses autres ouvrages.

Qu'on lise avec attention le *Traité des grandes opérations militaires*, l'*Histoire des guerres de la Révolution* et surtout la *Vie politique et militaire de Napoléon*.

Nulle part on ne trouvera une critique aussi judicieuse des campagnes du premier Empire, et c'est là en réalité qu'il faut chercher la démonstration des principes de stratégie positive dont il apprécie l'importance sans exagération.

Pour nous, Jomini est au-dessus de tous les autres écrivains militaires du XIXe siècle, autant que Napoléon est au-dessus des autres généraux, et c'est avec raison que l'on a pu dire que *si Napoléon est le dieu de la guerre, Jomini est son prophète;* car

---

[1] Ce n'est pas la première fois que j'exprime l'opinion que les observations de Clausewitz sont sujettes à caution (*Stratégie*, page 5).

Je ne suis d'ailleurs pas le seul qui soit d'avis que ses critiques portent souvent à faux. Tout en l'exaltant, le lieutenant-colonel Camon, dont sur d'autres points je suis loin de partager les idées, a fort bien montré qu'il a rarement compris l'esprit des manœuvres de Napoléon. — Ainsi en examinant la critique que Clausewitz a faite de la campagne de 1796, il montre fort bien qu'il n'a presque jamais saisi le caractère des manœuvres de Bonaparte. — Mais le résumé des observations du lieutenant-colonel Camon est au moins singulier; il consiste à dire que si chaque critique en particulier est fausse, l'ensemble néanmoins est admirable et cela parce qu'on y trouve quelques aperçus plus ou moins suggestifs sur la philosophie de la guerre.

C'est admettre que le bon sens, qui est la base essentielle de toute critique judicieuse, doit céder le pas à ce que Napoléon appelait l'*idéologie*. C'est surtout dans cette nouvelle branche de l'art de la guerre que Clausewitz a fait de nombreux disciples en France depuis vingt ans.

personne n'a compris aussi bien, ni surtout aussi vite les doctrines du maître, et personne ne les a mises en lumière d'une manière aussi précise.

On sait d'ailleurs comment Napoléon lui-même appréciait l'œuvre de Jomini : « Cet ouvrage, a-t-il dit à Saint-Hélène, à propos du *Traité des grandes opérations militaires*, est un des plus distingués qui aient paru sur la matière. » Il en avait été tellement frappé en 1805 lors de sa publication qu'il avait eu d'abord l'idée de le faire saisir[1]. « Comment Fouché a-t-il pu laisser imprimer un tel livre, disait-il ; mais c'est apprendre tout mon système de guerre à mes ennemis » ; puis il se ravisa en pensant que les vieux généraux qui commanderaient contre lui ne le comprendraient pas[2].

Mais ce qu'il n'avait certainement pas prévu, c'est que cent ans plus tard il se formerait en France une école de guerre où l'on enseignerait que les écrits de Jomini étaient de nature à

---

[1] Voir *Le général Jomini et les Mémoires du baron Marbot*, brochure parue à la librairie Baudoin en 1892, p. 19.

[2] En dehors de la valeur de fond de l'œuvre de Jomini quelques écrivains lui ont fait un grief d'avoir quitté l'armée française après Bautzen et d'être passé dans le camp des Alliés ; d'aucuns même l'accusent de leur avoir fait connaître la situation des troupes françaises et les projets de Napoléon. L'Empereur a répondu lui-même à ces reproches à Sainte-Hélène :

« C'est à tort que l'auteur de ce livre attribue au général Jomini d'avoir
« porté aux Alliés le secret des opérations de la campagne et la situation du
« corps de Ney. Cet officier ne connaissait pas le plan de l'Empereur. L'ordre
« de mouvement général qui était toujours envoyé à chacun des généraux ne
« lui avait pas été communiqué, et, l'eût-il connu, l'Empereur ne l'accuse-
« rait pas du crime qu'on lui impute. Il n'a pas trahi ses drapeaux, comme
« A....., M....., B..... ; il avait à se plaindre d'une grande injustice ;
« il a été aveuglé par un sentiment honorable. Il n'était pas Français ; l'amour
« de la patrie ne l'a pas retenu. »

On sait en quoi consiste l'injustice dont parle Napoléon : Jomini depuis longtemps était l'objet de la jalousie et des vexations de Berthier. A Bautzen il était chef d'état-major de Ney et c'est grâce à ses instances que le maréchal, après bien des hésitations, put arriver à temps sur le champ de bataille.

Ney, qui reconnaissait hautement le service que son chef d'état-major lui avait rendu, le mit en tête du tableau d'avancement en le proposant pour le grade de général de division. Au lieu de tenir compte de cette proposition, Berthier raya Jomini du tableau et lui infligea des arrêts pour avoir fourni en retard des états de situation.

On comprend qu'à la suite d'une pareille injustice, Jomini, qui n'était pas Français, abreuvé de dégoûts, ait passé au camp de l'empereur Alexandre, qui depuis plusieurs années cherchait à l'attirer à lui.

fausser les idées sur l'art de la guerre et qu'il était dangereux de les lire. Et si on lui avait dit que dans cette même école on prendrait pour guide les ouvrages de Clausewitz et qu'il ait pu en prendre connaissance, il eût été encore bien autrement surpris, car il est probable qu'il les aurait jugés à peu près comme ceux du général Rogniat, dont ils se rapprochent sur beaucoup de points.

Il n'avait pas à craindre, en effet, que *la théorie de la grande guerre* dévoilât le secret de ses opérations, car l'auteur ne s'en est guère douté, et c'est à peine si l'on y trouve trace des principes dont ils découlent.

Or, comme nous le disons plus haut, il est nécessaire d'être pénétré de ces principes si l'on veut faire la critique d'une grande opération militaire, et c'est une condition qu'il faut remplir notamment s'il s'agit de la campagne de 1815.

Comment, en effet, apprécier le mérite du plan de campagne de Napoléon si l'on ne connaît pas ses idées sur la nécessité de n'avoir qu'une ligne d'opérations?

Comment juger les procédés qu'il a employés pour réunir son armée si l'on ne sait rien des règles auxquelles, d'après lui, sont assujetties les concentrations?

Et si l'on entre dans le détail des opérations, nous dirons encore qu'il n'est pas possible de bien faire ressortir les causes de l'avortement de la manœuvre qu'il avait conçue, le 16 juin, si l'on n'a pas compris les dangers des mouvements tournants exécutés avec des corps séparés; car c'est avant tout pour n'avoir pas tenu compte de ces dangers, qu'il devait signaler plus tard en termes formels, que le mouvement de d'Erlon n'a pas réussi.

Or, ce sont là des considérations dont la plupart des écrivains n'ont cure, parce qu'ils n'en soupçonnent pas l'importance.

Le comble de l'ignorance est de ne pas se douter qu'il y a quelque chose à apprendre; c'est le cas non seulement du gros public, mais même de beaucoup d'esprits cultivés qui n'ont pas fait une étude spéciale de l'art de la guerre et qui cependant n'hésitent pas à donner leur avis sur des ouvrages militaires, comme s'il était utile à leur consécration.

Ainsi, par exemple, M. Brunetière, après s'être extasié sur

l'exactitude du récit de M. Houssaye, qu'il n'avait d'ailleurs pas contrôlée, ajoutait que son livre « ne résume pas tous les autres, mais qu'il les anéantit ». Qu'en savait-il ?

Sans doute M. Brunetière avait qualité pour apprécier le mérite de l'ouvrage de son confrère au point de vue littéraire ; mais avant d'émettre son avis sur le fond, avait-t-il cherché à acquérir quelques notions précises sur les éléments de l'art de la guerre ?

Nous sommes porté à penser qu'il n'y a même pas songé ; dès lors, son jugement sur le fond du livre de M. Houssaye n'a pas plus de valeur que ceux que voudraient porter *sur la Mécanique céleste de Laplace* des gens étrangers aux éléments du calcul infinitésimal.

Ceux qui n'ont aucune connaissance de l'art de la guerre peuvent bien présenter des tableaux de bataille en faisant ressortir l'héroïsme des uns et les défaillances des autres, mais non pas apprécier les avantages ou les défectuosités des dispositions des chefs pour l'ensemble, non plus que les mesures des subordonnés pour les détails.

Nous savons bien encore qu'en émettant une pareille opinion, nous nous heurtons à des idées très répandues en France qui consistent à croire que, pour juger des opérations militaires, il suffit d'un peu de bon sens, sans avoir besoin d'aucune connaissance spéciale ; mais c'est justement par suite de cette tournure d'esprit qu'on a pu produire en France tant d'œuvres ridicules qu'il serait d'autant plus inutile de réfuter que non seulement les auteurs, mais aussi la majorité des lecteurs sont inaccessibles aux arguments qui en feraient ressortir la fausseté.

Ce n'est pas que pour aborder l'histoire militaire, même au point de vue critique, il soit nécessaire d'être un homme de métier. On a vu des membres de l'Académie française qui étaient de grands savants, mathématiciens ou naturalistes, de même il n'est pas impossible qu'il s'en trouve quelques-uns qui soient versés dans l'art de la guerre, mais ce ne peut être qu'à la condition d'y voir appliqué leur esprit. C'était le cas de Thiers, qui avait approfondi l'art militaire par ses lectures et ses conversations avec les survivants de l'époque napoléonienne, comme il avait approfondi l'administration, les finances et la diplomatie.

Mais Thiers est une exception qui, par l'étendue de son esprit, est à cent coudées au-dessus de la moyenne des hommes de lettres, et ceux qui n'ont pas fait comme lui devraient éviter de porter un jugement sur les questions auxquelles ils sont étrangers.

On trouvera peut-être qu'il y a contraste en ce que je viens de dire de Thiers et l'appréciation que j'ai portée sur le dernier volume du Consulat et de l'Empire, et, puisque je suis amené à aborder ce sujet, je vais essayer d'expliquer les raisons de cette apparente contradiction. C'est que la connaissance des faits et la compétence ne sont pas encore suffisantes pour conduire à une juste critique ; il faut, de plus, ne pas se laisser diriger par des idées préconçues. En se mettant à ce point de vue, on peut diviser l'œuvre de Thiers en deux parties nettement distinctes.

La première s'étend depuis les débuts de Napoléon jusqu'en 1812. Pendant cette période, ses prodigieux succès s'expliquent tout naturellement par son génie incomparable.

C'est Castiglione et Rivoli, Marengo et Austerlitz, Iéna et Friedland. En même temps qu'on est frappé par l'éclat des victoires, si l'on en recherche la cause on est forcé de reconnaître qu'elles sont méritées. On est amené à prouver que sur le terrain militaire Napoléon est tellement au-dessus de ses contemporains qu'ils doivent renoncer à lui résister. Thiers a fait ressortir avec autant de lucidité que de pénétration les facultés merveilleuses de son héros qui, après avoir mis un terme aux troubles de l'ère révolutionnaire, semble avoir été désigné par le destin pour permettre à la France de réaliser sur tous les points les aspirations de plusieurs siècles.

Les revers commencent avec la guerre d'Espagne ; mais comme Napoléon n'est pas présent on peut les attribuer à son éloignement et à la division de ses lieutenants ; la foi en son génie militaire n'est pas atteinte ; elle ne l'est pas non plus par les désastres de Russie dont on peut trouver les causes dans les intempéries d'un climat meurtrier. D'ailleurs là comme en Espagne on n'est pas dans les conditions d'une guerre régulière. On a beau gagner des batailles ; on a devant soi tout un peuple prêt à tous les sacrifices pour conserver son indépendance.

Il n'en est plus de même à partir de 1813. Napoléon est présent, il obtient encore lui-même de beaux succès, mais ses lieutenants se font battre partout. On peut bien, si l'on n'y regarde pas de près, rejeter exclusivement sur eux les causes de leurs défaites ; mais bientôt c'est Napoléon qui subit à Leipzig un désastre irréparable. Son infériorité numérique sur l'ensemble du théâtre des opérations ne peut suffire à l'expliquer : si les causes premières résident dans l'extravagance de sa politique, les causes immédiates sont toutes militaires et la plupart lui sont attribuables. Or si Thiers veut bien reconnaître les unes il ne peut convenir des autres. Dès lors pour rendre compte des résultats il est obligé de se débattre au milieu d'une série de contradictions choquantes. Cette tendance se retrouve à un bien plus haut degré à chaque page du récit qu'il a fait de la campagne de 1815 et dans les commentaires dont il l'accompagne. Là, les fautes sont si nombreuses que pour les dissimuler Thiers est amené à dénaturer les faits et en fin de compte, voulant toujours croire à l'infaillibilité de Napoléon au point de vue militaire, il est obligé de s'en prendre à *la fatalité*.

On peut donc dire que dans la deuxième partie de son grand ouvrage il s'est laissé dominer par des idées préconçues, et qu'il a perdu la liberté de son esprit ; mais cela n'empêche pas le mérite de l'ensemble de l'œuvre qui restera, malgré tout, un monument impérissable élevé à la gloire de Napoléon et à la grandeur française.

Nous n'hésitons pas à reconnaître que M. Houssaye s'est en partie affranchi des préjugés qui ont aveuglé Thiers, mais il ne l'a pas fait complètement. En somme il tient, comme lui, à trouver les principales causes du désastre de l'armée française dans les fautes des lieutenants de Napoléon et, comme nous l'avons vu, il se laisse trop facilement aller à torturer les textes de manière à en tirer des conclusions conformes à sa thèse. Aussi suis-je d'avis qu'il s'est absolument trompé, et je m'en tiens aux conclusions de mon premier livre sur tous les points essentiels ; les nouvelles observations de M. Houssaye n'y ont rien changé : mais en terminant il m'a adressé un reproche contre lequel je crois devoir protester.

Il a soutenu que, prenant exemple sur Charras, j'avais dénoncé les fautes de l'Empereur « avec la véhémence d'un accusateur public ».

Je pense que ceux qui ont lu mon ouvrage trouveront que cette appréciation n'est pas méritée.

Sans doute je partage, sur beaucoup de points de détails, la manière de voir de Charras mais non pas son jugement d'ensemble sur Napoléon. Je l'ai dit de la manière la plus formelle en lui reprochant d'avoir dépassé toute mesure par ses sorties déplacées contre l'Empereur et ses plus dévoués serviteurs, et je crois que les critiques que j'ai adressées à Napoléon, au sujet de sa dernière campagne, portent plutôt le caractère de la modération que celui de la véhémence. Sans hésiter sur le fond je crois y avoir mis toutes les formes désirables, cherchant avant tout à être impartial.

Au surplus on fera difficilement croire à ceux qui connaissent les nombreux écrits que j'ai publiés depuis vingt-cinq ans sur la stratégie napoléonienne que je sois sans admiration pour le vainqueur d'Austerlitz et d'Iéna. Seulement je crois qu'après qu'il eut étonné le monde par son puissant génie, ses facultés physiques et intellectuelles se sont trouvées affaiblies par l'abus même qu'il en avait fait et que c'est avant tout dans cet affaiblissement qu'il faut chercher la cause principale du désastre de sa dernière armée. Je crois que cette explication a bien des chances d'être juste non seulement parce qu'elle est conforme aux faits, mais parce qu'elle tient compte des conditions essentielles de la nature humaine et il faut bien se dire que Napoléon, tout en étant fort au-dessus de la moyenne des hommes, n'était cependant qu'un homme. Or Napoléon avait fini par se considérer comme un être surhumain, il avait perdu le sens des réalités, et c'est justement ce qui l'a conduit à sa perte.

Mais pour arriver à de pareilles conclusions il faut aborder l'étude de la campagne de 1815 sans idées préconçues, examiner les opérations sans parti pris, ne prendre dans les documents que l'on consulte que ce qu'ils contiennent et non pas ce que l'on voudrait y trouver, en un mot essayer de juger les événements avec une sérénité froide en tempérant les envolées d'une imagination vagabonde.

Il est vrai qu'en ne se laissant guider que par la saine raison, en renonçant aux formes si séduisantes du drame ou du roman, on a moins de chance de faire vibrer la corde sensible des lecteurs, heureux de retrouver dans le récit des batailles les émotions de ceux qui les ont livrées.

La nation française d'aujourd'hui, éprise d'un faux idéal, semble avoir perdu le sens des réalités naturelles ; mais quoique aspirant à la paix universelle, elle n'est pas insensible aux brillantes épopées des temps passés. Elle est subjuguée par le grand nom de Napoléon et se refuse à expliquer sa chute par des causes simples et ordinaires. Plutôt que d'accepter ses défaillances, elle est prête à suivre ceux qui attribuent la catastrophe finale à l'inintelligence ou à la trahison de ceux qui l'ont entouré.

C'est dans cet esprit que le général Zurlinden a pu écrire : « L'histoire de M. Houssaye, si exacte et si française, est bien celle qui convenait à la chute du grand Empereur. »

Sans doute, elle est très française, mais sous le rapport de l'exactitude elle laisse fort à désirer sur les points essentiels.

Mais c'est justement ce défaut qui est une des causes principales de son succès, parce qu'il flatte le sentiment national et concorde avec les préjugés dont la masse est imprégnée. Et c'est pour cela qu'en dépit de la vérité historique, la campagne de 1815 restera longtemps encore pour la nation française ce que Thiers et M. Houssaye en ont fait : *une légende.*

Paris. — Imprimerie R. Chapelot et C°, 2, rue Christine.